이지태스크
Gig Worker
실전 가이드북

자투리 시간에 돈벌기

전혜진 / 최준영 지음

시작하는 말

긱워커로 도전한다는 것은 과거의 성공과 익숙한 경험에서 벗어나
자신이 가진 미래의 시간을 효율적으로 활용하고 자기 역량과
경력을 주도적으로 관리해 새로운 환경에 적응하자는 의미입니다.

"서서히 끓는 냄비 속 개구리" 이야기처럼,
익숙함에 사로잡힌 채 환경의 변화를 인식하지 못하는
우리들에게 던지는 교훈일 수 있습니다.

출생률 감소, 고령 인구 증가, 1인 가구 확대, 워라밸을 추구하는
사회적 변화는 되돌릴 수 없는 노동환경 속에서 우리는 두 가지 질문
에 답해야 합니다. 어떤 일을 할 것인가? 어떤 방식으로 일할 것인가?

긱워커로 도전하는 것은 익숙함에서 벗어나
새로운 가능성을 탐구하는 첫 걸음입니다.
익숙함에서 벗어나 새로움에 도전하는 우리 모두가 되길 바랍니다.

현 이지태스크 본부장 최준영
전 (주)한솔교육 인재육성실장 겸 사업본부장

차례

Chapter 1. 들어가며
- 잘하는 업무 한 가지로 돈 벌며 실력 키우기   13
- 온라인 협업 시대에 맞게 생각 바꾸기   15
- 다변화된 시대에 적응하며 성장하기   17

Chapter 2. 긱 워커의 이해
- 초단기 업무에 강한 긱 워커   21
- 빠르게 성장하는 긱 이코노미   25
- 기업들의 변화된 인재 활용법   28

Chapter 3. 긱 워커가 활동하는 플랫폼 이해
- 자유롭게 일하는 긱 워커 플랫폼   33
- 원할 때 원하는 만큼 일할 수 있는 이지태스크   35

Chapter 4. 이지태스크를 성장시키는 두 축

- 고객과 함께 성장하는 이지태스크 이루미   41
- 이루미 인터뷰를 통한 활동 만족 사례   42
- 고객 인터뷰를 통한 추천 사례   51

Chapter 5. 이루미로 일하기 A-Z

- 사전 단계 : 이루미 가입   65
- 실전 단계 : 업무 프로세스   75

Chapter 6. 실전 연습 - 고객 요청 업무 맛보기

- 고객이 요청하는 업무 유형   87
- 실전 연습 : 문서 작업   90
- 실전 연습 : 시장 조사(자료 조사)   96
- 실전 연습 : 디자인   102
- 실전 연습 : 마케팅   108
- 실전 연습 : 영상&번역   115
- 실전 연습 : 기타   119

Chapter 7. 이것만은 꼭! 이루미 활동 수칙 일곱 가지

- 고객과의 신뢰를 쌓는 시간 약속 (지각과 노쇼는 NO!)   123
- 고객 한 명을 위한 노력 (중복 업무 수행 불가)   125
- 고객 만족도를 높이기 위한 채팅창 활용   127
- 업무 수락 시 필수 확인 사항   129
- 중간 소통을 통한 고객 클레임 극복   131
- 업무 시작&종료 버튼의 중요성   133
- 업무 시간 연장을 위한 팁   135

Chapter 8. 긱 워커로 성공하기 위한 비결

- 매력적인 나만의 프로필 만들기   141
- 첫 업무 도전, 빠르면 빠를수록 좋다   144
- 내가 잘 할 수 있는 일부터 시작   146
- 적극적인 고객 소통으로 점수 따기   148
- 성과를 높이는 재매칭, 정기매칭 전략   150
- 성장을 위한 목표설정 및 활동 계획 수립   152

Chapter 9. FAQ - 자주 하는 질문 모음　　　　　　　157

감사의 말　　　　　　　168

Chapter 1
들어가며

잘하는 업무 한 가지로
돈 벌며 실력 키우기

　오늘날 현대 사회는 초분업 사회로 진화를 거듭하고 있고 그에 맞는 인재상을 요구하고 있지만, 불과 십여 년 전까지만 해도 '일당백'이나 '팔방미인' 같은 단어로 대표되는, 다양한 직무를 능숙하게 소화하는 제너럴리스트형 인재들이 인정받는 사회였다.

　기업도 마찬가지이다. 모든 기능을 기업 내부에서 수행하던 규모의 관행들은 점점 기업의 핵심 기능(전략)만을 남기고, 나머지는 아웃소싱하는 효율의 관행으로 변화하고 있다. 이젠 기업이 추구하는 가치를 외형적 규모보다는 내실 있는 효율적인 경영이 우선되는 시장구조로 변하고 있다는 증거이다.

　미국의 업워크(Upwork)와 같은 프리랜서 플랫폼에서 활동하는 긱 워커(단기 임시노동자)들은 자신만의 강점을 극대화하는 전략으로 꾸준한 수익을 창출하고 있다. 이들은 시간과 장소에 구애받지 않고, 자신에게 맞는 프로젝트에 참여하며 성공적인 경력을 쌓아가고 있다.

긱 워커들은 자신의 역량에 맞춰 일하는 동시에, 필요할 때는 다른 전문가들과 협력하여 더 큰 성과를 낼 수 있다.

결국, 한 가지 일만 잘해도 충분히 성공할 수 있는 시대다. 자신이 잘하는 일을 더 깊이 있게 파고들어 전문성을 키운다면, 그 한 가지 강점만으로도 충분히 성공적인 삶을 꾸려나갈 수 있다. 현대 사회는 개인의 전문성을 존중하고 이를 기반으로 한 협력을 통해 성과를 높이는 방향으로 변화하고 있다. 이러한 변화 속에서, 각자의 강점을 극대화하는 전략이 성공적인 삶의 열쇠임을 기억해야 한다.

이제는 개인의 단점을 채우기 위한 노력이 아닌 한 가지 장점을 살려 먹고 사는 사회가 도래하고 있다는 것이다.

온라인 협업 시대에 맞게
생각 바꾸기

지금 우리는 단 몇 초만에 엄청난 양의 정보를 접할 수 있는 사회에 살고 있지만, 그 많은 정보를 모두 소화하고 익히기에는 한계가 있다. 기술이 빠르게 발전하고, 새로운 지식이 끊임없이 쏟아지는 상황에서 모든 것을 혼자 처리하려는 시도는 오히려 비효율적일 수 있기에 빠르게 변화하는 환경에 적응하기 위해서는 협업이 필수적이다.

현대의 분업 시스템은 서로의 부족한 부분을 메워줄 수 있는 협력 체계를 기반으로 이루어진다. 각 분야의 전문가들이 자신의 역할에 집중함으로써, 더 높은 성과를 낼 수 있다. 예를 들어, 디자인에 집중하는 디자이너와 마케팅 전략을 세우는 마케터가 함께 일할 때, 프로젝트의 질과 효율성이 극대화된다. 각각의 전문성을 가진 사람들이 한 팀이 되어 협력하는 것은 오늘날의 복잡한 업무 환경에서 성공적인 결과를 만들어내는 핵심 전략이다.

실제 사례로 글로벌 기업들을 보면, 구글은 여러 팀이 협력하는 구조로 운영된다. 프로젝트마다 전문가들이 모여 각자의 역량을 발휘할 수 있도록 구성되며, 이를 통해 더 큰 성과를 창출한다. 구글의 AI 연구팀은 개발자, 디자이너, 데이터 분석가들이 각자의 역할을 분담해 협력하고, 이에 따라 각자의 전문성은 더 빛을 발하고 성과는 더욱 높아진다. 아마존 또한 복잡한 물류 시스템에서 각각의 역할을 분담해 높은 효율을 자랑한다.

물류센터의 직원들은 창고 관리, 배송 경로 최적화, 데이터 분석 등 자신이 맡은 분야에 특화된 역할을 수행하고 있으며, 이러한 분업 구조 덕분에 아마존은 전 세계적으로 가장 효율적인 물류 시스템을 구축할 수 있었다. 이런 사례들은 현대 사회에서 한 사람이 모든 능력을 갖추려고 애쓸 필요가 없다는 것을 보여준다. 각자가 자신이 잘하는 한 가지 일에 집중하면 된다.

예를 들어, 영상 편집 전문가나 마케팅 컨설턴트 등은 자신의 특정 분야에 집중함으로써 큰 성과를 내고 있다. 프리랜서 플랫폼에서 활동하는 긱 워커들은 자신의 전문성을 바탕으로 다양한 프로젝트를 수행하며, 더 나은 결과를 만들어내기 위해 각자의 역할을 충실히 하고 있다.

다변화된 시대에
적응하며 성장하기

'일'이 삶에서 매우 중요한 비중을 차지한다는 것은 누구도 부정할 수 없는 사실이다. 어쩌면 일이 곧 삶이고, 삶이 곧 일이라고 말할 수 있을 정도다. 그래서 일하는 방식이 달라진다는 것은 살아가는 방식이 달라진다는 것과 같다. 과거와는 다른 형태로 '일'이 재정의되었다면, 우리의 삶도 그에 맞춰 변화해야 한다.

하지만 마음처럼 삶이 쉽게 바뀌지 않는다. 관성에 익숙해진 삶은 빠르게 변화하는 세상의 속도를 따라가기 어렵다. 새로운 변화에 대한 필요성을 느끼면서도 기존의 방식을 고수하려는 습관이 강하게 작용하기 때문이다. 그러나 세상과 삶의 간극을 더 빨리 메우고자 하는 사람들이 있다. 그들은 변화를 두려워하지 않고, 새로운 사회에 가장 빠르게 적응하는 이들이다.

인간을 비롯한 모든 동물은 적응을 통해 살아남는 방식으로 진화해왔다. 적응하지 못하는 자는 도태된다는 진리는 오늘날에도 여전히 유효하다. 우리는 생각하는 방식을 전환함으로써, 과거와는 현저히 달라질 세상에서 살아남을 수 있다. 변화하는 일하는 방식의 변화에 맞춰 유연한 사고와 적극적인 대응이 필요한 시대다.

일의 개념이 변화하는 만큼, 우리는 일을 대하는 태도와 삶을 바라보는 시각도 함께 변화시켜야 한다. 이를 통해 새로운 환경에 더 효과적으로 적응하고, 변화 속에서 살아남는 힘을 기를 수 있다.

그렇지만 세상이 변한다고 해서 손바닥 뒤집듯이 단번에 현실을 바꿀 수는 없다. 매일 아침 출근하고 저녁에 퇴근하는 현재의 생활이 있기 때문이다. 현재에 충실하면서도 미래를 준비한다는 것은 결코 쉬운 일이 아니다. 그러나 노력의 양과 일의 범위에는 한계가 없기 때문에, 충분히 가능하다.

퇴근 후에 단 한 시간, 그리고 출퇴근이 없는 주말에 2~3시간을 활용하여 변화하는 세상에 발맞추는 노력을 해야 한다. 하루에 한 걸음씩이라도 앞으로 나아가는 속도를 조금씩 높여보자. 그렇게 하다 보면 어느 순간 디지털로 다변화되는 시대에 맞춰 나가고 있는 자신을 발견하게 될 것이다.

Chapter 2
긱 워커의 이해

'긱 워커'나 '긱 이코노미'는 새롭게 등장한 개념은 아니지만, 국내에서는 최근 몇 년 사이 많은 관심을 받고 있다. 이 장에서는 긱 워커의 의미와 그들을 주축으로 급격히 성장하고 있는 긱 이코노미가 개인의 일하는 방식을 어떻게 변화시키고 있는지, 그리고 그 과정에서 어떤 기회와 도전이 생겨나고 있는지를 파악해 보도록 한다.

초단기 업무에 강한
긱 워커

'긱 워커(Gig Worker)'는 1920년대 미국에서 여러 재즈 바를 돌아다니며 연주하던 음악가들의 공연, 즉 '긱(Gig)'에서 유래되었다. 당시 음악가들은 한 곳에 고정된 일자리가 없었고, 필요할 때마다 공연 장소를 옮기며 일했다. 이와 같은 근무 형태가 오늘날 긱 워커라는 이름으로 확장되어, 특정 프로젝트나 단기 계약을 통해 일을 수행하는 현대의 근로자들을 의미하게 되었다.

많은 대중에게 알려지지 않았던 긱 워커는 코로나 팬데믹을 계기로 전 세계적으로 알려지기 시작되었다. 기업들은 정규직 인력을 채용하고 유지하는 비용의 부담을 덜기 위해서 필요할 때마다 외부의 긱 워커를 통해 업무를 처리하는 방식으로 빠르게 전환했다.

긱 워커들은 자율적으로 자신의 근무 시간을 선택할 수 있고, 특정 장소에 얽매이지 않으며 다양한 프로젝트에 참여할 수 있어, 특히 유연한 근로 시간과 다양한 업무 경험을 원하는 사람들에게 이상적인 선택이 되었다. 국내에서도 긱 워커의 활동은 점점 더 활발해지고 있다.

크몽(Kmong), 숨고(Soomgo)와 같은 플랫폼을 통해 프리랜서와 긱 워커들이 자신의 역량을 바탕으로 다양한 분야에서 활동한다. 예를 들어, 디자인, 마케팅, 글쓰기, IT 개발 등 많은 직무에서 긱 워커들이 일하고 있으며, 그들은 자신의 기술을 필요로 하는 기업이나 개인과 플랫폼을 통해 쉽게 연결된다. 이를 통해 긱 워커는 더 많은 일을 수행할 수 있을 뿐만 아니라, 자신의 스케줄에 맞춰 일할 수 있는 자율성을 얻게 된다.

즉, 9시 출근~6시 퇴근이 아닌 시간과 공간의 제약 없이 일하는 환경이 만들어지고 있는 것이다. 긱 워커는 전통적인 의미의 프리랜서와 비슷하게 여겨질 수 있지만, 이 둘 사이에는 분명한 차이점이 존재한다.

프리랜서는 자신이 소속된 프로젝트나 클라이언트에 따라 일하는 방식이 비교적 정해져 있지만, 긱 워커는 자신의 근무 시간, 장소, 업무의 성격까지도 더욱 자유롭게 선택할 수 있다. 이로 인해, 긱 워커들은 특정 시간이나 장소에 얽매이지 않고도 다양한 프로젝트에 참여할 수 있는 장점이 있다. 이런 이유로, 긱 워커는 주업으로 활동하는 경우도 있지만, 부업 또는 N잡러로 활동하면서 자신만의 추가 수익을 창출하는 이들도 생겨나기 시작했다.

긱 워커의 대표적인 예로 우버(Uber)와 같은 플랫폼 기반 서비스가 있다. 우버의 운전기사들은 우버에 정규직으로 고용되지는 않았지만, 우버라는 플랫폼을 통해 자신이 원하는 시간에 일을 하고, 스스로 자신의 근무 일정을 결정한다. 이러한 자율성과 유연성이 긱 워커의 큰 매력 중 하나다. 이와 같은 구조는 특히 빠르게 변화하는 오늘날의 경제 환경에서 긱 워커들이 활발하게 활동할 수 있는 기반을 마련해주고 있다.

긱 워커의 활동 범위는 갈수록 넓어지고 있다. 과거에는 청소, 배달, 물류와 같은 신체 노동 중심의 업무에서 긱 워커들이 주로 활동했던 반면, 이제는 사무직, 창작 분야, 기술 기반 업무까지 영역이 확장되고 있다.

예를 들어, IT 개발자나 데이터 분석가 같은 전문직 긱 워커들은 특정 프로젝트에서 요구되는 기술적 역량을 발휘하며, 필요한 기간 동안만 계약을 맺고 업무를 수행한다. 이는 기업이 필요한 기술적 인력을 유연하게 확보할 수 있는 좋은 방법이 되며, 긱 워커들도 자신이 원하는 프로젝트를 선택해 일할 수 있다.

긱 워커의 확산은 플랫폼 경제의 성장과 맞물려 더 큰 발전 가능성을 가지고 있다. 디지털플랫폼을 통해 전 세계 어디서나 누구와도 연결될 수 있는 환경이 조성되면서, 긱 워커들은 이제 물리적 경계를 넘어 국제적인 프로젝트에도 참여할 수 있게 되었다. 이는 단순히 지역적 한계를 넘어, 긱 워커가 자신의 역량을 발휘할 수 있는 무대를 글로벌로 확장할 수 있는 기회가 만들어지는 것이다.

긱 워커는 현대 경제 구조에서 중요한 역할을 하고 있으며, 특히 유연한 근로 방식을 선호하는 사람들에게 적합한 직업군이다. 플랫폼을 통한 긱 워커의 활동은 앞으로도 계속 확산될 것이며, 다양한 분야에서 그들의 활동 범위는 더욱 확대될 것으로 예상된다.

빠르게 성장하는
긱 이코노미

긱 이코노미의 성장에는 여러 중요한 요인들이 있다. 무엇보다 비대면 근무의 일상화가 그 중심이다. 코로나 팬데믹을 계기로 전 세계적으로 재택근무와 원격 근무가 확산되면서, 전통적인 사무실 근무 형태가 크게 변화했다. 이제는 출근하지 않고도 어디서나 일을 할 수 있는 환경이 조성되었다. 이러한 변화는 기업과 개인 모두에게 더 유연하고 자유로운 근로 방식을 선택할 기회를 제공했다.

긱 워커들은 이러한 환경에서 다양한 프로젝트를 수행할 수 있게 되었고, 이는 긱 이코노미의 확산을 촉진하는 큰 요인으로 작용했다. 또한, 경제적 불안정과 함께 N잡러의 증가도 긱 이코노미의 성장을 이끄는 중요한 요소다. 주택 구입이나 자산 축적이 어려워지면서 많은 사람들이 부수입을 창출하기 위해 본업 외에 다양한 직업을 병행하는 N잡러가 되었다. 이들은 본업 외의 시간에 긱 워커로 활동하며 추가적인 수익을 얻고 있다. 특히 긱 이코노미는 이러한 사람들에게 유연한 근무 시간과 다양한 직업 기회를 제공하고 있으며, 점점 더 많은 사람이 긱 워커로서 활동하게 되고 있다.

1인 가구의 증가도 긱 이코노미의 성장에 큰 영향을 미쳤다. 1인 가구가 늘어남에 따라, 전통적으로 고정된 일자리보다 자유롭고 자율적인 삶을 선호하는 경향이 강해졌다. 자기 주도적인 삶을 살고자 하는 사람들에게 긱 워킹은 경제적 자립과 독립적인 생활을 모두 가능하게 하는 좋은 대안으로 작용하고 있다. 이로 인해, 1인 가구의 증가는 긱 이코노미가 확대되는 중요한 배경이 되고 있다.

또한 온라인 플랫폼의 활성화가 긱 이코노미의 폭발적 성장을 이끌고 있다. 디지털 기술의 발전으로 긱 워커들은 시간과 장소에 구애받지 않고 일할 수 있는 환경에 접속하게 되었고, 이러한 플랫폼들은 긱 워커들이 다양한 일자리를 손쉽게 접할 수 있도록 한다. 이를 통해 일자리와 프로젝트를 매칭해주는 새로운 비즈니스 모델이 등장했으며, 긱 워커들에게 더 많은 기회를 제공하고 있다. 긱 워커들은 이러한 플랫폼을 통해 전 세계 어디서나 일할 수 있게 되었고, 긱 이코노미는 전 세계적으로 빠르게 성장하는 경제 구조로 자리 잡고 있다.

이렇게 다양한 요인들이 결합되면서, 긱 이코노미는 이제 단순한 일시적 현상이 아니라 새로운 경제 패러다임으로 자리 잡고 있다. 기업들은 유연한 근로 형태를 통해 필요한 인력을 적시에 확보할 수 있는 혜택을 누리고 있으며, 긱 워커들은 더 많은 일자리 기회를 통해 자신이 원하는 일과 삶의 균형을 이룰 수 있게 되었다. 글로벌 긱 이코노미는 빠르게 성장 중이다. 2021년, 글로벌 긱 이코노미 시장 규모는 약 3,550억 달러에 달했으며, 2027년에는 8,730억 달러까지 증가할 것으로 예상된다.

한국도 예외는 아니다. 2021년 기준으로 국내 긱 이코노미 시장 규모는 약 10조 원으로 추산되며, 긱 워커의 수는 약 1,000만 명에 이를 것으로 보인다. 이는 국내 긱 이코노미 시장이 거대한 성장 가능성을 지닌 중요한 분야로 자리 잡았음을 의미한다.

긱 이코노미의 성장세는 단순한 일시적 흐름이 아닌, 새로운 경제 구조의 중심축으로 자리매김하고 있다. 변화하는 경제 환경 속에서 긱 워커들의 역할은 점점 더 중요해지고 있으며, 이러한 변화는 앞으로도 더욱 가속화될 전망이다.

기업들의 변화된 인재 활용법

현대 사회는 빠르게 변화하고 있으며, 이에 따라 기업들도 빠르게 적응하고 있다. 2010년대까지만 해도 중견기업 이상에서는 매년 1회 혹은 2회 정도 정기 공개 채용을 통해 인재를 선발했다. 당시 기업들은 채용된 인재의 충성도를 높이고, 장기근속을 유도하기 위해 막대한 비용과 시간을 들여 교육과 관리에 집중했다. 그렇게 입사한 공채 직원들은 다양한 직무 경험을 하면서 성장했고, 전통적인 승급제도를 통해 비전을 만들어 갔다. 하지만 최근 몇 년 동안 공채 중심의 채용 방식은 급격히 사라졌고, 기업이 필요할 때 필요한 인원만큼 채용하는 수시 채용 형태로 변화되고 있다.

기업들은 인력이 필요할 때 외부 역량(아웃소싱)을 적극 활용하는 방향으로 변화하고 있다. 특히 정규직 인력으로 모든 업무를 해결하는 것이 아니라, 긱 워커와 같은 외부 인력을 유연하게 활용하는 방식으로 전환하는 것이 큰 흐름이 되었다. 긱 워커는 기업에 필요한 역량을 필요할 때만 제공함으로써, 기업과 긱 워커 모두에게 높은 만족도를 제공한다. 이러한 방식은 기업들이 비용을 절감하면서도 필요한 시점에 최적의 인재를 활용할 수 있는 효율적인 대안이 된다.

실제로 많은 기업이 긱 워커를 활용하는 이유를 조사한 결과, 기업의 수익성과 업무의 효율성을 가장 중요한 이유로 꼽았다. 정규직 채용에 비해 긱 워커의 활용은 업무에 필요한 시간을 줄이고, 비용 효율성까지 높일 수 있다는 점에서 기업들에게 매우 긍정적인 평가를 받고 있다. 이와 같은 이유로 긱 워커는 이제 새로운 직업군으로 자리매김하고 있다. 특히 IT, 디자인, 마케팅, 콘텐츠 제작 등 지식 기반 업무에서 긱 워커들이 활발히 활동하고 있으며, 기업들은 정규직이 아닌 전문성을 갖춘 긱 워커들과 협업을 통해 빠르고 효율적인 결과를 얻고 있다.

Chapter 3

긱 워커가 활동하는 플랫폼의 이해

디지털 기반으로 긱 워커로 활동을 시작하기 위한 핵심은 바로 플랫폼이다. 좋은 플랫폼이나 유명한 플랫폼을 찾기보다는 나에게 맞는 적합한 플랫폼을 찾는 것이 매우 중요하다. 이 챕터에서는 그중 대표적인 국내 플랫폼과 긱 워커로 입문하는 단계에서 추천할만한 플랫폼인 이지태스크에 대해 소개한다.

자유롭게 일하는 긱 워커 플랫폼

긱 이코노미 시장이 성장하면서 다양한 성격을 가진 긱 워커 플랫폼이 등장하고 있다.

크몽(Kmong): 크몽은 전문 프리랜서 플랫폼으로, 디자인, IT 개발, 마케팅, 글쓰기와 같은 전문 기술 기반의 프로젝트를 중개한다. 프리랜서로 활동하는 사람들은 자신이 가진 기술을 바탕으로 기업이나 개인이 의뢰한 프로젝트에 참여할 수 있다. 크몽은 다양한 분야의 프로젝트를 제공하며, 전문 지식을 갖춘 프리랜서들이 안정적으로 활동할 수 있는 환경을 지원한다. 또한, 프로젝트 의뢰자와 긱 워커 간의 원활한 소통과 안전한 결제 시스템이 장점으로 꼽힌다.

숨고(Soomgo): 숨고는 서비스 중개 플랫폼으로, 다양한 분야의 전문가와 서비스 제공자를 필요로 하는 고객과 연결해준다. 예를 들어, 레슨, 집수리, 청소, 개인 코칭과 같은 생활 관련 서비스부터, 번역, 통역과 같은 전문 서비스까지 다양한 서비스를 제공한다. 숨고는 일상

생활에서 필요한 여러 서비스를 손쉽게 찾을 수 있게 하여 고객에게는 편리함을, 긱 워커에게는 안정적인 일자리 기회를 제공한다.

탤런트뱅크(TalentBank): 탤런트뱅크는 기업과 고급 인재를 연결하는 플랫폼으로, 전문 경영진, 컨설턴트, 고급 직무의 긱 워커들이 활동하는 공간이다. 기업들은 특정 프로젝트에 필요한 전문 인력을 빠르게 찾아 계약할 수 있으며, 인재들은 정규직이 아닌 계약직으로 짧은 기간 동안 기업의 프로젝트에 참여할 수 있다. 이는 전문적인 경험을 쌓고 다양한 업계에서 활약하고자 하는 긱 워커들에게 적합한 플랫폼이다.

이처럼 다양한 플랫폼들이 각기 다른 특성이 있지만, 공통점은 긱 워커들이 자신에게 맞는 일을 찾아 유연하게 활동할 기회를 제공한다는 점이다. 각 플랫폼이 제공하는 서비스와 일자리 종류가 다르기 때문에, 긱 워커들은 자신의 능력과 관심사에 맞는 플랫폼을 선택해 활동할 수 있다. 이지태스크와 같은 사무 보조 중심의 플랫폼, 크몽과 같이 전문 프리랜서를 위한 플랫폼, 그리고 탤런트뱅크처럼 고급 인재 매칭 플랫폼까지 다양한 선택지가 존재한다는 것은 긱 워커들에게 더 많은 기회를 제공한다. 성공적인 긱 워커 생활을 위해서는 자신의 능력과 목표에 맞는 플랫폼을 선택하는 것이 핵심이다.

원할 때 원하는 만큼
일할 수 있는 이지태스크

이지태스크는 긱 워커와 긱 워커가 필요한 기업 또는 개인을 쉽고 빠르게 연결하는 역할을 한다.

항목	탤런트 뱅크	크몽	숨고	이지태스크
서비스 시작	2018년	2012년	2015년	2021년
대표	공장환	박현호	김로빈	전혜진
주요 분야	중소 - 전문가 인력매칭	프리랜서 - 수요자 간 연결	생활서비스 분야 특화	취준생-시니어 사무보조 특화
주요 특징	은퇴한 시니어 전문가 다수 확보	전문가 서비스 상품화해 마켓에서 판매	코로나19로 홈리빙 수요증가로 이용 늘어	빅데이터 활용 알고리즘 매칭

이지태스크는 20대 취준생부터 5060 시니어 퇴직자까지, 전 세대와 전 영역에서 사무 업무 보조를 중심으로 한 다양한 업무를 수행할 기회를 제공하며 사랑받고 있다. 특히 사무 보조뿐만 아니라 데이터 입력, 문서 정리와 같은 간단한 업무부터 마케팅, 영상, 번역과 같은 전문 기술 기반 업무까지도 다루는 플랫폼으로 성장하고 있다.

이지태스크가 다른 플랫폼에 비해 긱 워커를 처음 시작하는 사람들에게 추천하고 싶은 이유는 크게 여섯 가지가 있다.

첫째, 이지태스크는 역량 기반의 알고리즘 매칭을 통해 매칭의 투명성을 보장한다. 긱 워커들이 다른 플랫폼과 달리 별도의 영업 없이 자신의 능력에 맞는 직무 분야만 지정하면, 이를 기반으로 자동으로 고객과 연결해준다. 이 매칭 시스템은 인맥, 학연, 지연과 같은 외부 요인에 영향을 받지 않고, 오직 개인의 역량에 따라 공정하게 작동한다. 이는 긱 워커들이 자신이 잘하는 일에 집중할 수 있도록 해주는 큰 장점이다.

둘째, 플랫폼 내에서 안전하고 편리한 소통을 지원한다. 이지태스크는 고객과 이루미가 개인적인 연락처를 주고받지 않고, 플랫폼 내의 채팅 및 화상회의 기능을 통해 소통할 수 있다. 이를 통해 알림 피로를 줄이고, 개인정보 유출에 대한 걱정 없이 안심하고 일할 수 있는 환경을 제공한다. 고객과의 직접적인 소통보다 시스템을 통해 관리되는 방식이므로, 더 효율적이면서도 안정적인 작업 환경을 마련해준다.

셋째, 결과물 업로드 및 관리 시스템을 제공한다. 이루미는 개인 이메일이나 메시지 앱을 이용해 결과물을 전달할 필요 없이, 이지태스크 플랫폼 내에서 결과물을 안전하게 업로드할 수 있다. 이는 작업의 편리성뿐만 아니라, 자료의 보관과 관리 측면에서도 긱 워커들에게 매우 유리하다. 결과물 공유와 관련한 모든 과정이 체계적으로 이루어지기 때문에, 고객과의 분쟁이 발생할 여지도 줄어든다.

넷째, 업무 경력 관리와 증명서 발급 기능이 있다. 이지태스크에서 이루미가 수행한 업무는 수행 시간에 상관없이 건별로 기록되며, 필요에 따라 경력증명서도 발급받을 수 있다. 예를 들어, 마케팅 분야에서 10건의 업무를 완료했다면, 그 10건의 작업이 구체적으로 경력으로 기록된다. 이는 경력 단절 여성이나 경력 관리가 필요한 이루미들에게 특히 유용한 기능으로, 자신의 경력을 더 체계적으로 관리하고, 더 나은 기회를 찾는 데 활용할 수 있다.

다섯째, 비용 정산 및 소득 신고의 자동화가 이지태스크의 큰 장점 중 하나다. 일부 플랫폼에서는 긱 워커가 직접 고객에게 비용을 청구하고 소득 신고까지 처리해야 하는 불편함이 있지만, 이지태스크는 원스톱 서비스를 제공하여 모든 과정이 자동으로 처리된다. 이루미는 작업에만 집중하면 되며, 비용 정산이나 소득 공제 및 신고 업무를 플랫폼에서 처리해주는 덕분에 불필요한 부담을 덜 수 있다.

실제 사례를 보면, 이지태스크를 이용한 긱 워커들은 그 단순하고 편리한 사용법에 큰 만족감을 표시한다. 한 사용자는 이지태스크를 통해 첫 번째 업무에 자동으로 고객과 매칭되어, 별도의 영업 없이 자신이 원하는 일에 쉽게 할 수 있었다. 이후 업무를 하는 과정에서도 고객과의 소통, 결과물 제출, 정산 등의 절차가 플랫폼 내에서 원활하게 이루어져, 업무에만 집중할 수 있었다고 좋은 평가를 남겨주고 있다.

이지태스크는 긱 워커로서 첫걸음을 내딛는 이들에게 매우 유용한 플랫폼이다. 투명한 매칭 시스템, 안전한 소통 환경, 경력 관리 기능, 그리고 자동화된 비용 정산까지, 이 플랫폼은 긱 워커들이 일할 수 있는 최적의 환경을 제공한다. 이러한 다양한 기능을 통해 긱 워커들은 더 나은 일자리 기회를 얻고, 자신의 경력을 효율적으로 쌓아나갈 수 있을 것이라고 생각한다.

Chapter 4

이지태스크를 성장시키는 두 축

긱 워커로 도전하고 싶은 마음이 생겼다면, 또는 나에게 맞는 플랫폼을 찾고 있다면 이지태스크를 추천한다. 그리고, 이지태스크에서 이루미로 첫발을 내딛는 이들을 위한 A부터 Z까지의 성공 전략을 소개하고자 한다.

고객과 함께 성장하는
이지태스크 이루미

이지태스크 플랫폼에서는 긱 워커를 의미하는 특별한 용어가 있다. 바로 '이루미'이다. 이루미라는 단어는 플랫폼을 처음 기획하고 운영하기 시작할 때 공모한 이름이다. 나의 성공을 '이룸'. 나의 도움을 통해 고객 모두의 성공을 '이루어' 드린다는 생각을 모아 작명한 이름이다. 고객과 이루미가 서로의 위치에서 각자의 역할을 응원하며 미래 지향적인 분업화를 가장 먼저 실천하는 것이 '이루미'라는 명칭의 본질적인 의미이고, 앞으로는 긱 워커를 대신해 이루미라는 단어를 사용하고자 한다.

2024년 10월 기준으로 약 3.5만 명의 이루미가 같은 목표를 가지고 활발히 활동 중이며, 이지태스크를 이용하고자 하는 고객 수도 빠르게 증가하고 있다. 지속 가능한 협업을 위해서는 고객의 만족뿐만 아니라 이루미의 협력과 만족도 매우 중요하다. 이루미들은 자신들이 맡은 일에 자부심을 느끼며, 성공적인 프로젝트 완수를 통해 서로의 성장을 이끌어내고 있다.

이루미 인터뷰를 통한
활동 만족 사례

[Case 1]

이루미 김경미의 이야기: 자유로운 재택근무와 경력 단절 극복의 길

#주부이루미 #경력보유여성 #데이터정리 #인쇄물디자인

"자유로운 근무 시간덕분에 아이들 케어하며 일할 수 있어요."

"경력이 단절되었던 제가 다시 일을 하며 경력을 쌓는 재미를 느끼고 있어요!"

간단한 자기소개를 부탁드려요 ● 안녕하세요, 김경미입니다. 저는 이지태스크에서 이루미로 활동한 지 1년이 조금 넘었어요. 그동안 재택근무를 통해 다양한 업무를 맡아오며 이루미로서 즐겁게 일하고 있습니다.

현재 어떤 일을 하고 계신가요? ● 지금은 오후에 어린이집 보조교사로 일하고 있어요. 결혼 전에는 웹디자인을 전공했었고, 현수막, 명함 디자인 같은 다양한 디자인 프로젝트도 경험한 적이 있습니다. 이지태스크에서는 제 경험을 바탕으로 디자인 업무도 하고, 다른 다양한 업무에 도전하며 경력을 쌓고 있어요.

이루미로 활동하게 된 계기가 있나요? ● 아이들을 키우느라 출퇴근이 어려운 상황에서 재택근무를 찾다가 알바몬에서 이지태스크 구인 글을 보고 알게 됐어요. 그렇게 1년 전부터 이루미로 활동을 시작하게 되었죠. 집에서 일하면서도 수입을 얻을 좋은 기회를 찾았고, 그게 바로 이지태스크였어요.

이루미의 가장 큰 장점은 무엇인가요? 그리고 어떤 분들에게 추천하시나요? ● 이지태스크의 가장 큰 장점은 재택근무와 자유로운 근무 시간이에요. 특히 저처럼 경력이 단절된 주부나 아이들 때문에 출퇴근이 어려운 40대, 50대분들에게 추천하고 싶어요. 집에서 아이들을 돌보며 일을 병행할 수 있다는 점이 정말 큰 장점이거든요. 실제로 저도 주변

주부들에게 이지태스크를 많이 추천했어요. 엄마로서 시간을 유연하게 사용할 수 있다는 점은 정말 큰 매력입니다.

이지태스크를 한 문장으로 표현해 주신다면? ● 이지태스크는 '쏠쏠'하다! 출근이 어려운 저에게 일할 수 있는 재미 쏠쏠, 경력이 단절되었던 제가 다시 경력을 쌓는 재미 쏠쏠, 그리고 적은 시간을 투자하면서도 용돈 벌이가 쏠쏠하니까요. 짧은 시간 안에 효율적으로 일할 수 있는 환경 덕분에 정말 만족하면서 일하고 있습니다.

[Case 2]
이루미 김진우의 이야기
#콘텐츠이루미 #크리에이터 #썸네일디자인 #블로그관리

"이루미로 일하다가 고객님 회사에 채용됐습니다."

간단한 자기소개를 부탁드려요 ● 안녕하세요. 우주로 나아가 세상을 넓게 보라는 뜻을 가진 김진우 이루미입니다. 이제 마흔에 가까운 나이가 되면서, 정말로 세상을 보는 시각도 넓어지고 있는 것 같아요.

현재 어떤 일을 하고 계신가요? ● 이지태스크 덕분에 제가 꿈꾸던 이상적인 직장(OO개발원)에서 일하게 되었습니다. 이곳의 대표님(고객)과의 인연이 이지태스크를 통해 이루어졌어요. 처음에는 제 전공인 디자인 업무와 블로그 관리를 정기적으로 맡아 진행하다가, 결국 채용 제의를 받게 되었죠. 정말 원하던 직장에서의 기회를 이지태스크를 통해 얻을 수 있었습니다.

이지태스크는 어떻게 알게 되셨나요? ● 구직사이트에서 이지태스크를 보고 알게 되었습니다. 미래에서 온 차세대 구인 플랫폼이라는 느낌이 강하게 들었어요. 당시 저는 오전에만 일하고 있었고, 오후에 할 수 있는 추가적인 일을 찾던 중 이지태스크에서 활동을 시작하게 되었습니다.

이루미로 일할 때 꿀 팁이 있다면 어떤 것들이 있을까요? ● 원하는 시간대에 일할 수 있도록 근무 가능 시간대를 잘 설정해 놓는 것이 중요해요. 자신의 생활 패턴에 맞는 시간에 일할 수 있는 것이 이루미의 큰 장점이니까요.

마지막으로, 망설이는 예비 이루미 분들께 한 말씀 부탁드립니다 ● 망설이지 마세요! 지금 바로 등록하세요. 망설이시는 그 시간이 오히려 손해라고 생각합니다. 저 역시 이지태스크를 통해 소중한 인연을 맺었고, 이 인연이 또 다른 값진 기회로 이어졌어요. 여러분도 분명 그렇게 될 겁니다.

[Case 3]
이루미 강한별의 이야기
#마케팅이루미 #N잡 #광고소재제작 #블로그콘텐츠
"일일이 찾지 않아도, 제게 맞는 업무 요청 알림이 와서 편해요.."

간단한 자기소개를 부탁드려요 ● 안녕하세요. 저는 이지태스크에서 이루미로 활동하고 있는 강한별입니다.

이지태스크를 어떻게 알게 되셨나요? ● 코로나가 심해지면서 비대면 업무가 늘어났고, 자연스럽게 온라인 마케팅에 관심이 많아졌습니다. 온라인 마케팅 경험을 쌓고 싶었는데, 어떻게 시작해야 할지 고민하던 중에 이지태스크를 구인 사이트에서 처음 알게 됐어요. 이지태스크는 사무업무 경험이 있으면 누구나 일을 할 수 있다는 점이 마음에 들었죠.

이지태스크를 처음 접했을 때 어땠나요? ● 신기했어요! 다른 프리랜서 서비스와는 다르게, 제가 일거리를 찾지 않아도 이루미로 무료 등록만 하면 제게 맞는 업무 요청이 자동으로 오더라고요. 또한, 제가 원하는 시간에 맞춰 근무 시간을 선택할 수 있다는 점도 차별화된 장점이라고 느꼈어요.

이루미로 일하면서 느낀 소감을 말씀해 주세요. ● 제 본업이 유동적인 경우가 많아서, 업무가 끝나는 시간이나 남는 시간에 맞춰서 제가 잘하고 관심 있는 일을 할 수 있다는 점이 정말 좋았어요. 그리고 따로 출퇴근할 필요 없이 비대면으로 모든 작업이 이루어진다는 점도 큰 장점이었죠. 특히, 제가 아이디어를 내서 제작한 광고 소재가 실제 회사의 성과로 이어졌다는 이야기를 고객에게 들었을 때, 정말 큰 보람을 느꼈습니다. 나의 작은 도움이 고객의 성과로 연결된다는 게 이루미로 일하면서 가장 보람찬 순간이었어요.

어떤 분들이 이루미로 일하기를 추천하나요? ● 이지태스크는 자투리 시간을 활용해서 일할 수 있다는 점이 가장 큰 매력이에요. 또한, 이전에 해왔던 업무 경험을 살려서 일할 수 있다는 점에서, 경력이 단절된 분들이나, 본업 외에 추가 수입을 원하시는 분들에게 강력히 추천드리고 싶어요.

이지태스크를 한 문장으로 표현한다면요? ● 잘하는 사무 업무 하나만 있으면 누구나 할 수 있어요! 이루미 화이팅!

[Case 4]
이루미 이종희의 이야기
#주부이루미 #경력보유여성 #뉴스레터발행 #이용가이드기획

"육아로 생긴 업무 공백기 속에서도 실무 경험을 쌓을 수 있어 좋아요."

간단한 자기소개를 부탁드려요 ● 안녕하세요. 한 아이의 엄마이자 프리랜서 마케터로 활동하고 있는 이종희입니다. 육아와 일을 병행하며 긱워커로서 다양한 경험을 쌓고 있습니다.

이지태스크 이루미로 활동하게 된 계기가 있나요? ● 출산 후 아이를 돌보며 잠시 일을 쉬고 있었어요. 신생아기를 지나고 나니 육아에 조금 여유가 생겼고, 그때부터 일하지 않고 시간을 보내는 것이 아쉬웠어요. 하지만 오프라인 알바를 하기에는 페이가 맞지 않았고, 정규직으로 일하자니, 육아로 인해 시간적 제약이 있었죠. 그래서 집에서 노트북만으로 시간을 쪼개서 일할 수 있는 곳을 찾다가 이지태스크를 알게 되었어요. 이지태스크는 다른 알바나 인턴과 다르게, 고객들이 의뢰한 실무에 직접 투입되어 실무 경험을 쌓을 수 있는 점이 가장 큰 장점이라고 생각해요.

이지태스크에서 어떤 업무를 하고 계시나요? ● 저는 영한/한영 번역을 비롯해 사업 기획서 작성, 뉴스레터 및 회사 소개서 기획, 이용 가이드 기획 등 다양한 콘텐츠 기획 관련 업무를 진행해 왔어요. 현재는 정기적으로 뉴스레터 콘텐츠 기획을 맡고 있으며, 건건이 들어오는 프로젝트도 병행하고 있습니다.

이루미로 일하면서 느낀 소감을 말씀해 주세요 ● 이지태스크의 가장 큰 장점은 원하는 시간, 원하는 장소에서 원하는 업무를 선택적으로 할 수 있다는 점이에요. 오프라인 출근을 하지 않아도 되고, 노트북과 인터넷만 있으면 어디서든 일을 할 수 있으니까요. 예를 들어, 아이를 어린이집에 보낸 오전 10시부터 4시까지, 또는 아이를 재우고 나서 저녁 시간에 육아 퇴근 후 일을 할 수 있어요. 육아와 병행하면서도 포트폴리오를 쌓고 급여도 벌 수 있어 매우 만족하고 있습니다. 얼마 전에는 제주도에 워케이션도 다녀왔는데, 정말 좋았어요! 가족과 함께 여행하면서도 틈틈이 일할 수 있었고, 회의가 필요할 때는 카페에 들러 잠시 고객과 소통하는 방식으로 일할 수 있었어요.

어떤 분들이 이루미로 일하기를 추천하나요? ● 저처럼 육아로 인해 시간이 제한된 분들이거나, 커리어를 놓치고 싶지 않은 분들, 또는 퇴근 후 N잡러를 꿈꾸는 분들에게 추천해요. 특히 본업 외에 추가로 수익을 올리고 싶으신 분들께 정말 좋을 거예요.

마지막으로, 망설이는 예비 이루미 분들께 한 말씀 부탁드립니다! ● '나도 할 수 있을까?' 하고 고민만 하지 말고 우선 지원해 보세요! 망설이는 시간에 이지태스크에서 프로젝트를 하나 더 할 수 있을 거예요. 직접 해보면 그 가능성을 알게 될 겁니다.

고객 인터뷰를 통한
추천 사례

이지태스크라는 플랫폼을 성장시키는 또 하나의 축은 고객이다. 바쁜 일상 속에서 업무는 쌓이고, 반복적이거나 시간이 많이 드는 일을 대신 처리할 사람이 필요할 때, 이루미는 가장 든든한 해결책이 될 수 있다. 이지태스크에 업무를 의뢰하는 고객들은 이루미의 도움을 통해 업무 처리의 효율성과 비용 절감을 동시에 경험하게 된다.

이번 인터뷰에서는 이지태스크를 통해 이루미에게 업무를 맡긴 고객들이 어떤 순간에 이루미가 필요했는지, 그리고 이루미를 통해 어떤 성과를 얻게 되었는지를 담고 있다. 반복적인 루틴 업무나 단기간에 해결해야 하는 프로젝트, 그리고 사내 인력을 따로 두기 어려운 상황에서 이루미의 도움을 받는 사례들이 많다.

이루미는 바로 그 순간에 최적의 해결책을 제공한다. 특히 이루미의 효율성은 단순히 비용을 절약하는 것에 그치지 않는다. 반복적이지만 필수적인 작업을 이루미에게 맡김으로써, 고객들은 더 중요한 업무에 집중할 수 있는 시간을 확보하게 된다. 또한, 이루미는 다양한 분야에서 전문성을 발휘하여 실질적인 도움을 제공하기 때문에, 고객들은 맡긴 업무에 대해 신뢰하고 결과를 기다릴 수 있다.

고객들의 실제 경험을 통해, 이루미가 어떤 방식으로 문제를 해결하고, 기대 이상의 성과를 이뤄냈는지를 구체적으로 살펴본다.

[Case 1]
#주문관리 #정기매칭 #316회매칭
"신경 쓰지 않아도 1~2시간만에 일을 척척 해결해주세요"
"시간제로 업무를 맡기니, 효율적인 인건비 관리가 가능해졌어요."

간단한 자기소개를 부탁드립니다 ● 안녕하세요. 청운대학교 창업경영학과 학과장이자 주식회사 CEO 이사장 강개석입니다. 지금까지 316회 정도 이지태스크에서 업무 요청을 했고, 현재도 정기적으로 업무를 맡기고 있습니다.

어떤 일을 하고 계시나요? ● 저는 아마존, 라자다, 쇼피, 알리바바, 타오바오 같은 글로벌 온라인 쇼핑몰을 운영하고, 폐쇄몰 운영과 중소기업 컨설팅, 그리고 정부 지원 사업을 위탁받아 온라인 쇼핑몰 창업 교육을 주로 하고 있습니다.

이지태스크를 사용하게 된 계기가 있나요? ● 루틴한 업무나 미션 위주의 온라인 업무를 맡길 수 있다는 점이 이지태스크를 사용하게 된 계기였어요. 온라인으로 처리할 수 있는 반복적인 업무를 생각해 보니, 폐쇄몰 발주나 교육생 모집을 위한 SNS 마케팅 콘텐츠 업로드 등이 떠올랐죠. 하루에 1~2시간 정도 걸리는 단순 업무라 한 번 맡겨봤는데, 결과적으로 매우 만족스러웠습니다.

이지태스크를 사용 후 어떤 점이 가장 달라지셨나요? ● 무엇보다 인건비 관리가 훨씬 효율적이 되었습니다. 짧은 시간 동안 이루어지는 반복적인 업무를 시간제로 맡기니까, 12%~25%의 인건비를 절약할 수 있더라고요. 이를 통해 경영에 대한 자각이 생겼습니다. 예전에는 "무조건 일을 해라"라는 식으로 업무를 지시했다면, 이제는 정확한 업무 지시가 중요하다는 걸 깨달았어요. 제대로 업무를 분석하고 효율적으로 일을 시킬 수 있다는 점이 정말 큰 변화였습니다.

이지태스크의 어떤 점이 가장 큰 장점일까요? ● 결국 효율성입니다. 명확한 결과물이 필요할 때, 이만큼 효율적인 서비스를 찾기 어렵습니다. 다만, 이를 최대한 잘 활용하려면 업무 분석을 철저히 해야 한다고 생각해요. 시간을 잘 쪼개서 맡길 수 있고, 인건비 절감도 가능하니 사용자 입장에서 이지태스크의 가장 큰 장점이 아닐까 싶습니다.

이지태스크 서비스를 한마디로 표현한다면 무엇일까요? ● 우렁각시 같아요! 신경 쓰지 않아도 보이지 않는 곳에서 일이 알아서 척척 진행되니까요. 정말 편리한 서비스입니다.

[Case 2]

#보고서편집 #ppt디자인 #카드뉴스 #영상자막편집

"마감일이 있거나 급하게 손이 필요할 땐 이지태스크가 딱이에요."
"제가 직접 하는 게 비효율적이다 싶은 일을 맡기면 좋아요"

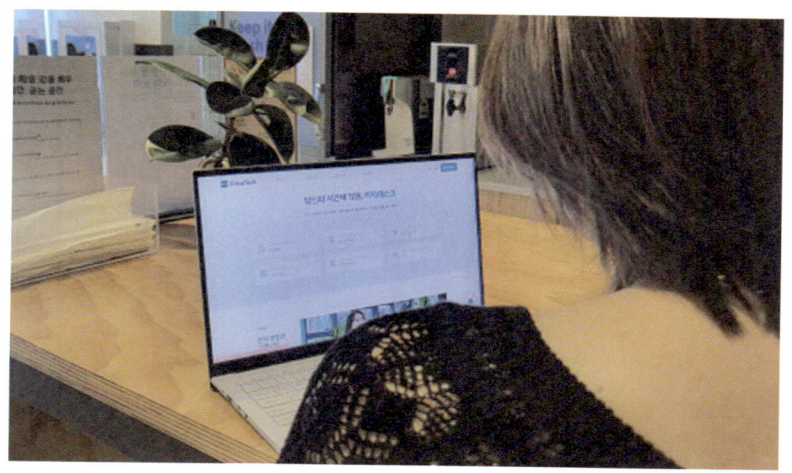

고객님은 어떤 일을 하고 계신가요? ● 안녕하세요. 저는 환경 분야 국제개발협력 컨설팅 회사인 JHSUSTAIN을 운영하는 박지현 대표이고요. 해외 개발도상국을 대상으로 한 공적개발원조(ODA) 프로젝트를 기획하고 수행하는 일을 하고 있습니다. 또한, 다른 기관에서 진행하는 사업에 대한 평가도 맡고 있어요. 수자원 관리를 비롯해 기후변화와 관련된 다양한 정책 지원을 위한 프로젝트 연구를 진행하고 있습니다. 온실가스 감축이나 재난 위험 경감 같은 기후변화 관련 이슈에도 포커스를 맞추고 있죠.

이지태스크는 어떻게 알게 되셨고, 사용하게 된 계기가 있나요? 스타트업 네트워킹을 통해 이지태스크를 처음 알게 됐고, 이후 관련 기사와 미디어, SNS 홍보를 통해 더 자세히 알게 되었어요. 저희는 보고서가 주요 산출물인데, 번역이나 보고서 편집(마감), 파워포인트 시각화작업이 필요할 때가 많습니다. 특히 급하게 손이 필요한 상황에서 이지태스크가 떠올라 사용하게 되었죠.

이지태스크의 가장 큰 장점은 무엇이고, 어떨 때 사용하면 좋을까요? 이지태스크의 가장 큰 장점은 인하우스 직원 없이도 필요할 때마다 빠르게 일을 맡길 수 있다는 점이에요. 특히 마감일이 가까울 때 매우 유용합니다. 필요한 작업을 할 수 있는 사람들이 이미 확보되어 있어 작업이 빠르게 로테이션 되고요. 예를 들어, 제가 직접 하기 어려운 일러스트 작업이나, 기능적인 구현이 필요할 때 매우 적합한 서비스죠. 이루미가 맡은 일과 우리가 직접 했을 때의 시간 차이도 큰 이점이에요. 빠르게 전문적인 손길이 필요한 순간에 이지태스크는 최적의 해결책이 됩니다.

이지태스크 서비스를 한마디로 표현한다면 무엇일까요? "타임 세이버"입니다. 마감일을 맞추는 것이 가장 중요한데, 그때 제 시간을 절약해 줄 수 있어요. 이지태스크는 원하는 시간, 원하는 장소에서, 시간과 공간에 구애받지 않고, 내가 일하고 싶은 시간에만 일을 맡길 수 있는 서비스입니다.

[Case 3]

#뉴스레터발행 #인력공백극복 #한국투자액셀러레이터

"직원 퇴사로 생긴 업무 공백을 해결할 수 있었어요."

"신규 채용 전에 우선 이지태스크를 먼저 활용해 보시길 추천합니다".

간단한 자기소개를 부탁드립니다 ● 국내 주요 모빌리티플랫폼사에서 근무하고 대중교통 혁신이라는 큰 뜻을 품고 50대에 직원 7명으로 출발한 스타트업 VUS 황윤익 대표입니다.

이지태스크에 어떤 업무를 맡기셨나요? ● 창업 이후 업계 관계자와 기자들을 대상으로 하는 뉴스레터 발행 업무를 요청했습니다. 해당 업무를 담당하던 직원이 개인적인 사정으로 퇴사하면서 공백이 생겼지만, 대부분의 스타트업이 그렇듯이 당장 인력을 충원할 수 없는 상황이었죠. 그래서 "발행해야 되는데, 발행해야 되는데" 하고 계속 답답해하던 중이었습니다. 그러다 무료 쿠폰을 제공받아 이지태스크를 알게 되었고, 혹시나 하는 마음에 의뢰하게 되었습니다. 결과적으로 앞으로도 도움이 필요할 때마다 이지태스크를 유용하게 사용할 것 같습니다.

이지태스크 서비스 사용 전후로 어떤 점이 가장 달라졌나요? ● 많은 스타트업이 그렇듯, 직원 채용을 쉽게 결정하기 어렵습니다. 온전히 한 사람의 업무가 생기기 전까지는, 고용에 따른 직·간접비용을 감당하는 것이 부담스럽기 때문이죠. 이지태스크를 통해서는 이러한 비용 부담 없이 필요한 업무를 바로 진행할 수 있다는 점에서 매우 만족스러웠습니다. 당분간은 계속 이지태스크의 도움을 받을 것 같아요.

이지태스크는 어떤 고객들에게 적합할까요? ● 고용 부담이나 채용 시기에 대해 고민하는 스타트업들에게 추천합니다. 스타트업은 특성상 한 사람이 여러 업무를 맡는 경우가 많고, 반대로 온전한 한 사람분의 업무가 없는데도 어쩔 수 없이 채용을 해야 하는 상황이 발생하기도 합니다. 이러한 경우, 고용주와 피고용자모두에게 불편함이 생길 수 있죠. 직원 수가 많지 않은 스타트업의 경우, 한 사람 한 사람이 조직 분위기에 큰 영향을 미치기 때문에 이러한 리스크는 더욱 큽니다. 이지태스크는 그런 상황에서 매우 유용한 해결책이 될 수 있습니다.

[Case 4]

#ppt편집디자인 #양식에맞게내용넣기 #SNS 홍보용포스터
#인쇄용홍보물수정

"주로 혼자 일하는데 업무를 맡겨놓고 다른 업무를 할 수 있어서 만족해요"

"진짜 급하게 처리해야하는 업무에는 이지태스크만큼 좋은 게 없는 것 같아요"

어떤 일을 하고 계신가요? ● 안녕하세요. 기업 브랜딩 & 컨설팅 서비스를 제공하는 우주인 컴퍼니 김희준 대표입니다. 저희 우주인 컴퍼니는 B2B 사업을 중심으로 기업에 맞춤형 컨설팅을 제공합니다. 예를 들어, 기업의 전체적인 구조를 짜주고, 구인 공고 작성법부터 팀 구성, 연봉 및 예산 책정, 세일즈, 마케팅 등 회사 운영 전략을 전반적으로 기획해

주는 일을 하고 있습니다.

이지태스크에게 어떤 업무를 맡기셨나요? 또 앞으로 더 맡기고 싶은 업무는 어떤 것들이 있나요? ● 주로 디자인과 문서 정리업무를 맡겼습니다. 사업 계획서를 PPT로 제작하거나, 인스타그램과 유튜브 썸네일 디자인, 홍보물 제작, 그리고 영어 교육 시장에 대한 자료 조사 등의 작업을 의뢰했어요. 단순 반복 업무나 명확한 가이드라인이 있는 작업을 주로 맡겨왔고, 앞으로는 카페 홍보용 숏폼 영상을 제작하고 싶어서 영상 편집 업무도 맡길 계획입니다.

이지태스크 서비스 사용 전후로 어떤 점이 가장 달라졌나요? ● 무엇보다 서류 작업에 직접 투입되는 시간이 줄어들었어요. 덕분에 시간 효율성이 높아졌죠. 저는 주로 혼자 일하는데, 업무를 맡겨놓고 그동안 다른 일을 처리할 수 있어서 만족하고 있습니다. 이지태스크는 시간 대비 퀄리티가 매우 뛰어나요. 실시간으로 소통할 수 있어서 결과물의 완성도를 높일 수 있었고, 빠르게 작업해야 할 때 이지태스크만큼 좋은 게 없는 것 같아요.

이지태스크의 가장 큰 장점은 무엇이고, 어떤 고객들에게 적합할까요? ●
'속도'가 가장 큰 장점이라고 생각합니다. 제가 요청한 업무는 2~3시간 만에 결과물을 받을 수 있었어요. 실시간으로 소통할 수 있어서 필요한 수정 사항도 바로 이야기할 수 있었습니다. 무엇보다 시간 추가 기능이 매우 편리했어요. 저 같은 실무자에게 시간은 곧 돈이기 때문에, 비용적인 측면에서도 매우 합리적이라고 생각했습니다.

이지태스크 서비스를 한마디로 표현한다면? ● 이지태스크는 저에게 급한 불을 꺼주는 소화기 같아요.

Chapter 5

이루미로 일하기 A-Z

이번 장에서는 이루미로 활동하기 위한 사전 단계 (회원가입-프로필 등록-이루미 테스트)와 실제 이루미 업무 활동을 진행하는 실전 단계(업무 매칭 제의-매칭 완료-매칭 취소-업무 시작-업무 진행-업무 연장-업무 종료)가 진행되는 순서별로 자세히 안내하고자 한다. 그 과정에서 단계별 팁도 함께 제공하고자 하니 이미지와 함께 집중해 주시길 당부 드린다.

사전 단계
이루미 가입

1 이루미 가입은 이지태스크 홈페이지에서 등록할 수 있다.

▲ www.easytask.com 홈페이지

1. 이루미 가입 전 이루미 입문 가이드를 참고하면 더 많은 활동 정보를 얻을 수 있다.
2. 이루미 가입은 무료이며, 가입과 탈퇴는 자유롭게 진행할 수 있다.

2 개인 회원 가입(만 18세 이상)을 기본으로 하여, 본인 인증 절차가 진행된다.

 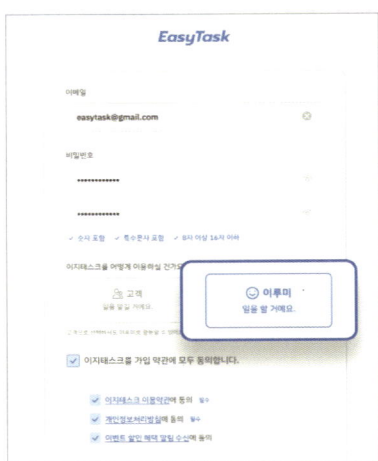

1. 가입 시 이루미 활동으로 선택하고 가입 약관에 동의 절차를 거친다.

2. 약관 동의 절차를 통해 이지태스크 이용약관, 개인정보처리방침, 마케팅 정보 동의 수신 동의절차를 거친다.

3 이루미 활동 3단계 (프로필 등록-이루미 교육-이루미 테스트)를 반드시 거쳐야 한다.

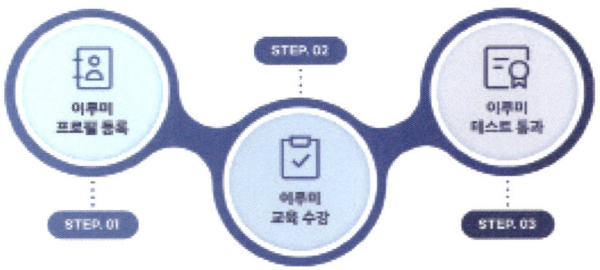

STEP.01 이루미 프로필 등록

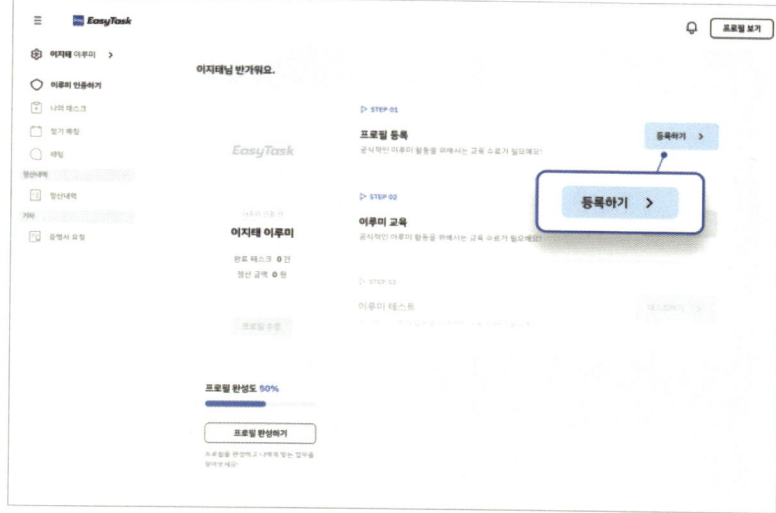

❶ **기본 정보** – 이름, 거주지, 최종 학력을 선택하여 입력한다.

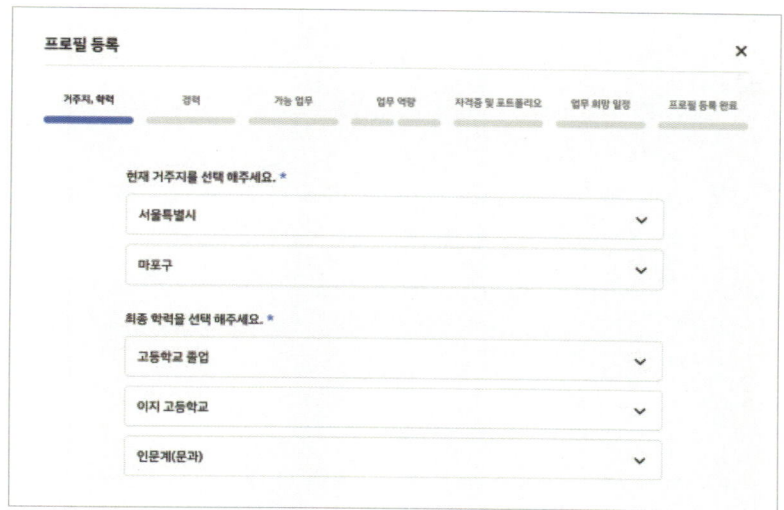

❷ **경력** – 재직상황과 현재 직업, 경력에 대한 정보를 입력한다.

❸ **가능 업무** – 가장 잘하는 직무 카테고리와 담당 업무를 선택한다.

❹ **업무 역량** – 가장 잘하는 프로그램 역량을 선택한다.

❺ **자격증 & 포트폴리오** – 등록 사항이 있을 경우 반드시 등록한다.

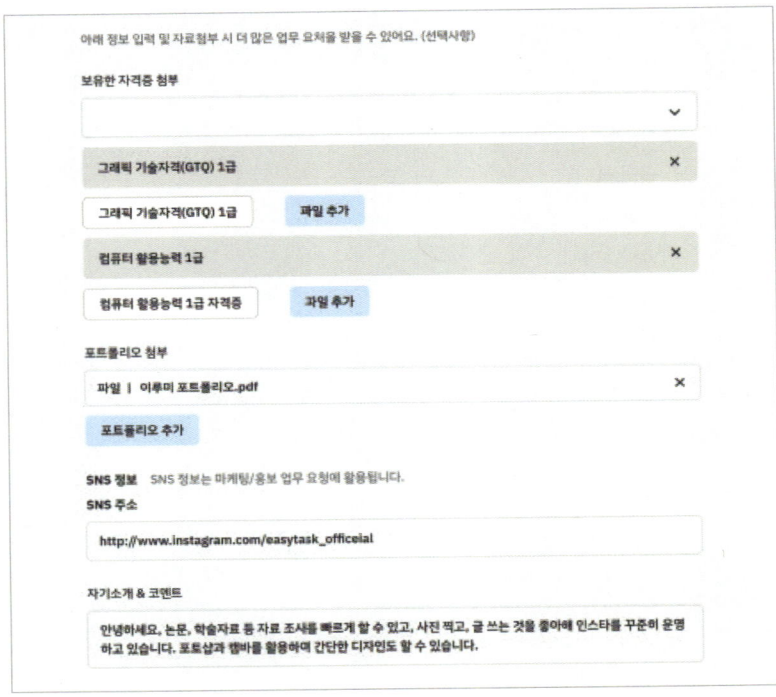

> 이루미 프로필은 고객이 요청한 업무 (재매칭, 정기매칭)를 위한 기초 정보이니 허위가 아닌 경우 가능한 자세하게 기록하는 것이 좋다.

❻ **업무 희망 일정** – 본인이 일할 수 있는 요일 및 시간을 선택할 수 있으며, 개인 여건이 바뀌면 언제든 수정할 수 있다.

❼ **프로필 등록 완료** – 이름, 거주지, 최종 학력을 선택하여 입력한다.

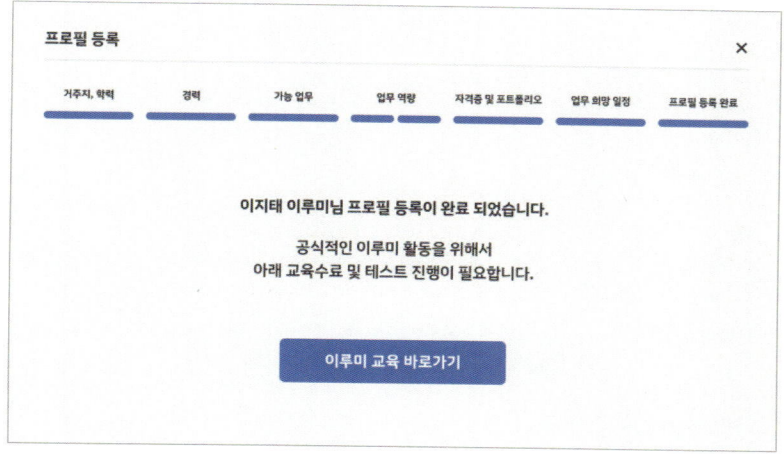

> STEP.02 이루미 교육 수강

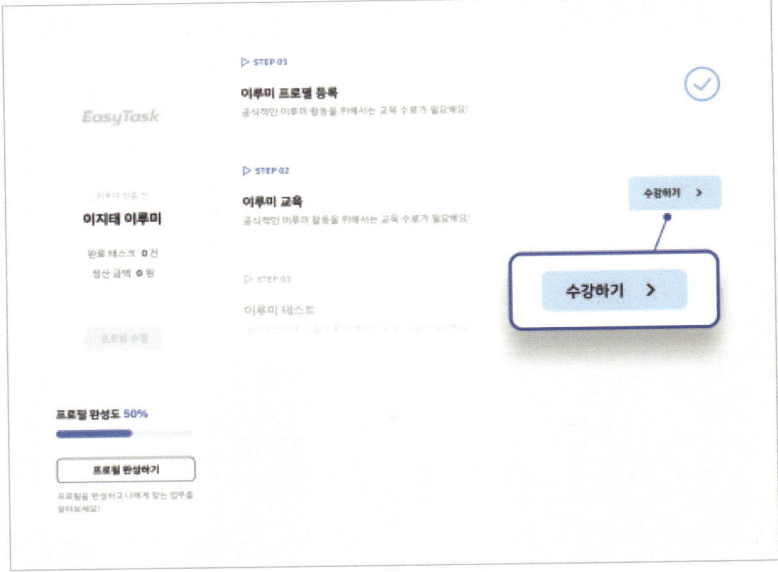

이루미 교육수강은 예비 이루미들에게 최소한의 플랫폼 정보를 제공하기 위해 구성한 것이며, 노션으로 작성된 내용 또는 동영상으로 학습할 수 있다.

STEP.02 **이루미 테스트**

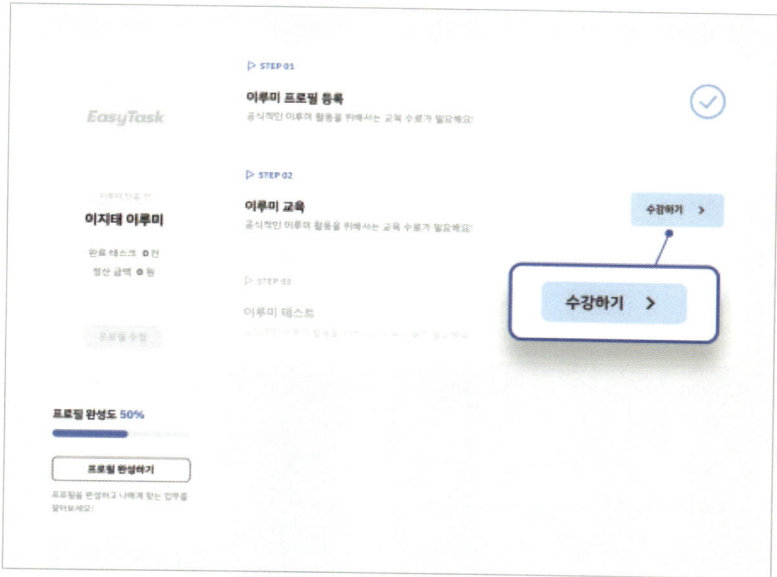

① 이루미 테스트는 최소한의 이루미 활동 정보를 제공하기 내용으로 24년 11월 기준으로 22개 문항으로 구성되어 있고, 총 20개 이상 정답을 맞히면 테스트는 통과하게 되며, 상식적인 문제로 구성되어 있어 합격률은 99% 이상이다.

② 이루미 테스트를 통과하면 이제 준비 과정은 종료되며, 본격적으로 활동 단계로 넘어갈 수 있다.

`근로 정산` ## 근로 정산 정보 입력

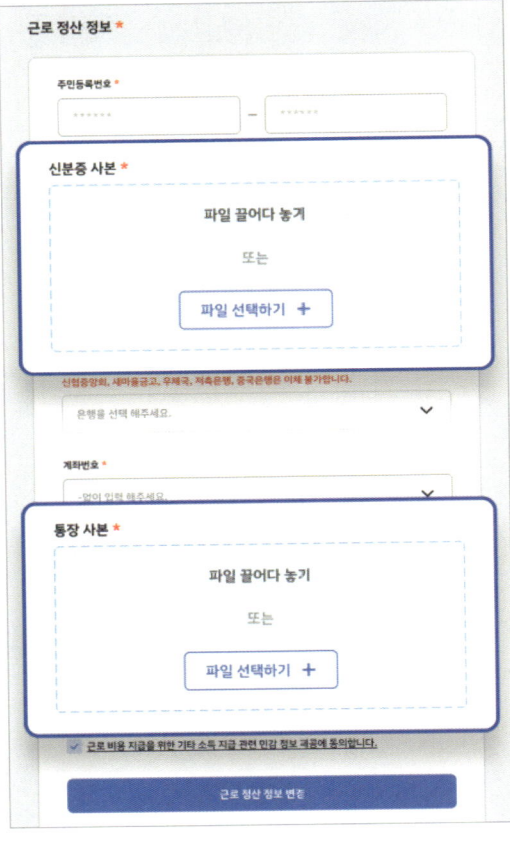

❶ 고객이 맡긴 업무를 정상적으로 수행한 후에는 영업일 기준 5일 이내에 근로 정산이 진행된다.

❷ 근로 정산을 위해서 주민등록번호(신분증 사본)와 계좌번호(통장 사본)를 등록해야 한다.

❸ 근로 정산 정보는 기타 사업소득자 기준 3.3% 공제 및 개별 지급을 위해 반드시 등록해야 하는 정보로 미등록의 경우 지급 시기가 늦춰질 수 있다.

실전 단계
업무 프로세스

업무 매칭 | 매칭 완료 | 매칭 취소 | 업무 시작 | 업무 진행 | 업무 연장 | 업무 종료

❶ 업무 매칭은 고객이 요청한 업무와 이루미가 등록한 프로필의 내용 연관도가 높을 경우 알고리즘에 의해 추출되고 추출된 이루미들에게 매칭 제의를 카카오톡 메시지로 전달한다.

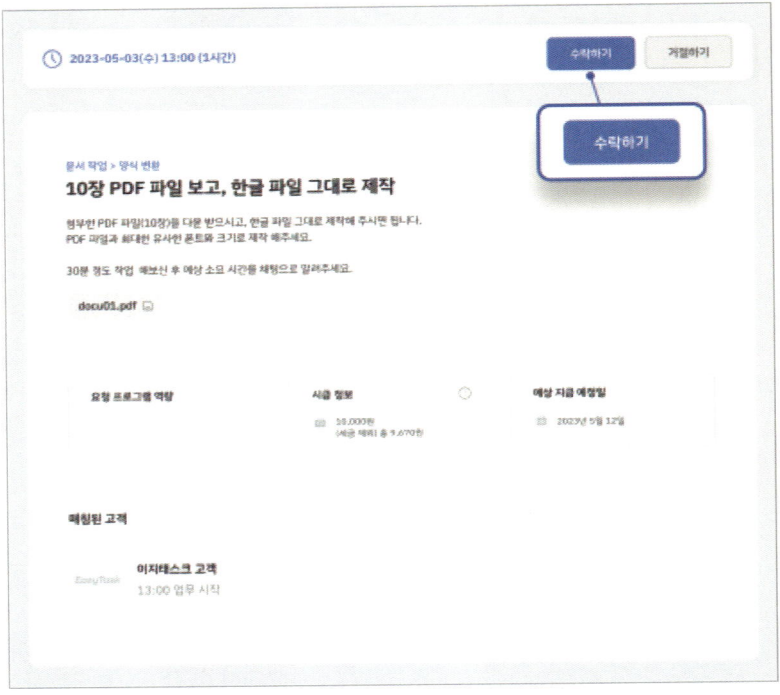

❷ 매칭 페이지 우상단의 [매칭 여부 결정하기]를 클릭하면 고객이 요청한 업무요청서 페이지로 이동하게 된다.

❸ 작업 시간 확인 - 업무 시작 일시, 예상 소요시간을 확인한다.

❹ 업무 내용 확인 - 고객이 요청한 업무 내용을 확인하고 내가 수행할 수 있는지 판단한다.

❺ 수행 프로그램 확인 - 고객이 특정 프로그램을 지정한 경우 해당 프로그램이 라이센스가 없거나, 내가 활용할 수 없는 프로그램이 경우 거절한다.

❻ 시급 정보 확인 – 시급, 소요 시간, 정산 금액 등을 확인한다.
❼ 모든 사항을 확인한 후 수행 가능하다고 판단되면 수락하기를 클릭한다.
❽ 이루미 개인 사정에 의해 매칭 제의를 거절할 경우 우측 상단 거절하기 버튼을 통해 사유를 등록하면 추후 매칭 패턴에 긍정적으로 반영된다. 단, 업무 매칭 시 같은 시간대에 두 업무를 동시에 수락하지 않도록 주의해야 한다.

2

업무 매칭 | **매칭 완료** | 매칭 취소 | 업무 시작 | 업무 진행 | 업무 연장 | 업무 종료

❶ 업무 수락이 완료되면 매칭 완료 메시지가 전달되며 업무 시작 10분 전에도 시작 메시지가 제공된다.

❷ 업무 시작 10분 전부터는 고객과 소통할 수 있는 채팅창이 활성화 된다. 이 채팅창을 통해 업무요청서에서 확인하지 못했거나, 업무 수행상 고객 의견을 묻고 싶을 때 활용할 수 있다. 채팅창은 고객과 이루미가 소통하는 중요 채널이므로 상호 정보를 교환하면서 고객 만족도를 높일 수 있다.

3

업무 매칭 | 매칭 완료 | **매칭 취소** | 업무 시작 | 업무 진행 | 업무 연장 | 업무 종료

🔔 알림톡

매칭 취소 😥

이지태 이루미님

이지태스크님의 일정 변경으로 인해 매칭이 취소되었습니다.

- 일시: 2023-05-03(수) 13:00(1시간)
- 업무명: 10장 PDF 파일 보고 한글 파일 그대로 제작
- 고객명: 이지태스크

근무 시간 준수는 신뢰의 기본이며, 신뢰는 여러분의 자산이 됩니다.

근무 가능 일정 변동 시, 홈페이지를 통해 근무 시간을 변경해주세요.

※ 매칭 취소 시 패널티 안내

- 업무 시작 전 15분 이내 취소: 업무 매칭 제한 30일
- 업무 시작 후 노쇼: 업무 매칭 제한 90일

❶ 매칭 완료가 된 후 불가피한 사정으로 인해 취소가 발생할 수 있다. 이루미 사정에 의한 매칭 취소가 발생할 경우 업무 시작 15분 전에 취소(예를 들어 오전 10시에 진행되는 업무라면 9시 45분 이전에 취소) 하면 페널티 없이 취소가 가능하며, 그 이후 취소하게 되면 30일 매칭 제한 페널티가 부여된다.

❷ 매칭 시간 15분 후에도 업무에 참여하지 않으면 노쇼 처리가 되며, 노쇼의 경우에는 90일 페널티 제한이 적용된다. 지각과 노쇼는 고객들에게는 치명적이므로 강력한 페널티 규정으로 제한하고 있다.

업무 매칭 | 매칭 완료 | 매칭 취소 | **업무 시작** | 업무 진행 | 업무 연장 | 업무 종료

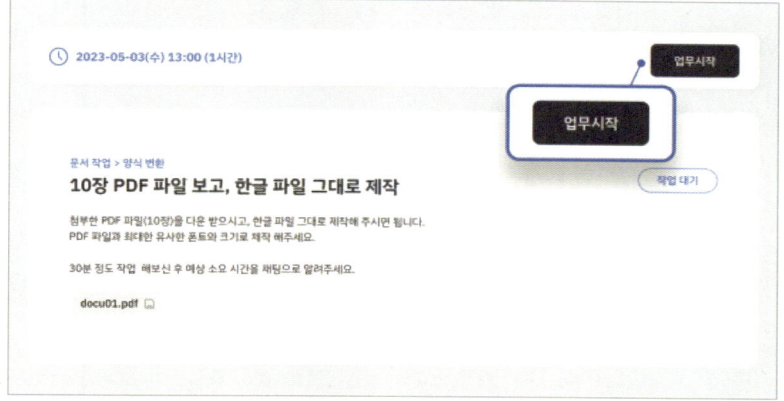

❶ 업무 시작은 업무 시작 버튼을 클릭하는 것에서 시작된다. 업무 시작 버튼은 업무가 시작되었다는 것을 고객과 이루미에게 알리는 중요 과정이며, 비용 정산의 기초 자료가 되기 때문에 반드시 클릭하고 업무를 시작해야 한다.

❷ 업무 시작 버튼은 업무 시작 후 15분이 지나면 비활성화되며, 만약 클릭하지 못한 경우 고객센터에 시작 및 종료 시간을 알려야 하는 번거로움이 있으니 반드시 클릭하는 습관을 만들어가는 것이 중요

하다.
❸ 업무 시작과 동시에 고객이 요청한 특정 프로그램 또는 자신이 선호하는 프로그램으로 업무를 시작하면 된다.
❹ 업무 수행과정에서 고객과 소통해야 할 경우 채팅창을 통해 정보를 교환하면 된다.

업무 매칭 | 매칭 완료 | 매칭 취소 | 업무 시작 | **업무 진행** | 업무 연장 | 업무 종료

❶ 업무를 진행하는 과정에서 중요한 것은 고객과 충분히 소통하는 것이다. 고객과 소통하지 않고 임의적으로 업무를 진행한 경우의 결과물과 중간에 한 번씩 고객과 소통하면서 도출된 결과물은 고객만족도 차이에서 큰 차이를 보인다.
❷ 전체 업무 시간의 50% 정도가 지난 후에는 지금까지 진행한 업무를 고객과 소통하는 것을 추천한다. 업무 진행방향, 내용, 추가사항 등을 반영해서 잔여 시간 작업을 진행하면 결과물에 대한 고객 클레임을 최소화할 수 있으니 활용해 보는 것을 강력 추천한다.

업무 매칭 | 매칭 완료 | 매칭 취소 | 업무 시작 | 업무 진행 | **업무 연장** | 업무 종료

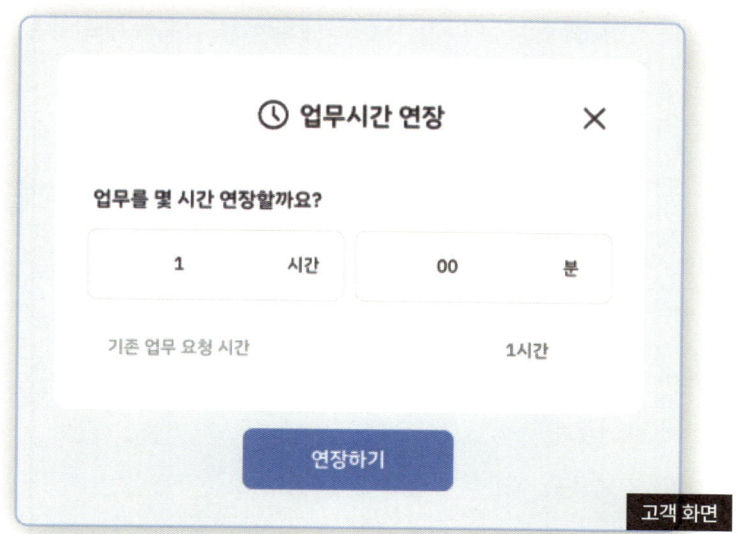

❶ 업무를 진행하는 과정에서 시간 연장이 필요한 경우가 발생하게 된다. 이럴 경우 몇 가지 원칙을 가지고 채팅을 통해서 고객에게 시간 연장 요청을 하는 것을 권장한다.

❷ 업무 시간을 연장하는 이유를 잘 설명해야 한다. 예를 들어 20분 정도 업무 연장이 되면 시장 조사 업체를 한 군데 더 할 수 있다든지, 고객이 보기 쉽게 가독성을 높이는 편집 작업을 한다든지 하는 게 시간 연장을 통해 고객에게 어떤 이익이 있는지를 알려줘야 한다.

❸ 시간 연장은 고객과 이루미 모두 동의한 상태에서 진행되어야 한다. 임의적으로 한 사람이 결정해서 진행할 수 있는 것이 아니라는

것을 기억해야 한다.

❹ 어떠한 경우라도 이루미가 개인적인 시간을 내서 추가 업무를 진행해서는 안 된다. 시간은 곧 상호 부담해야 할 비용이기에 연장 합의가 중요하다.

업무 매칭 | 매칭 완료 | 매칭 취소 | 업무 시작 | 업무 진행 | 업무 연장 | **업무 종료**

❶ 예정된 업무 종료 시간 10분 전에 알림 메세지가 도착한다. 메시지를 확인한 후에는 업무를 종료할 준비를 해야 한다. 결과물에 대한 내용도 마무리해야 한다.

❷ 업무 결과물을 공유하는 방식도 고객과 소통하는 것이 좋다. 가장 일반적인 방법은 플랫폼에서 제공하는 업로드 기능을 활용하는 방법이지만 고객의 이메일로 전달하는 경우도 있다. 정답이 있는 것은 아니니 고객과 소통해서 결정하는 것이 중요하다.

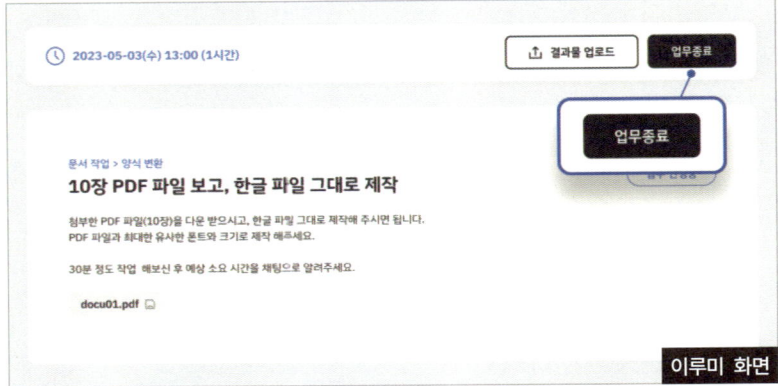

❸ 업무결과물이 업로드되면 고객은 그 내용을 확인하게 된다. 상호 결과물의 내용이 확인된 경우에는 업무 종료가 되며, 이때 업무 종료 버튼을 반드시 클릭해야 한다.

❹ 업무 정산의 기초 데이터는 업무 시작 시간과 업무 종료 시간이다. 그러므로 종료 버튼을 클릭해서 업무를 마무리하는 습관을 들이는 것이 좋다.

❺ 업무 종료 시 채팅창을 통해 고객 감사 메시지를 남기고 다음 업무 시 재매칭 요청을 하는 것도 좋은 팁이라 생각된다.

❻ 마지막으로 업무 종료 후 근로 정산 정보가 정상적으로 입력되어 있는지 확인하는 것도 잊지 말자.

Chapter 6
실전 연습 - 고객 요청 업무 맛보기

'백 번 듣는 것보다 한 번 보는 게 낫다'는 말이 있다. 지금까지 설명된 내용을 통해 이지태스크에서 이루미로 활동하기 위한 준비를 모두 마쳤다면, 이제는 실전으로 나아가야 할 때다. 이 장에서는 업무 분야별로 선별된 실제 사례들을 통해 각자의 긱워킹을 시뮬레이션할 수 있도록 구성했다.

고객이 요청하는 업무 유형

2024년 10월 기준 이지태스크의 직무 분류는 크게 7개 대분류와 32개의 중분류 직무 카테고리로 분류, 운영되고 있다. 다만, 이 분류는 고정화된 것은 아니고 상황에 따라 축소 또는 확대되기도 한다. 예를 들어 2024년 하반기 [숏 폼]의 인기가 높아지면서 중분류 카테고리로 추가하는 것을 검토 중에 있는데 이처럼 카테고리는 늘 가변적이라 생각하면 된다.

실시간 업무 매칭 (Task Clearing System)
1년 365일 24시간 다양한 영역의 사무보조와 필요한 만큼 시간제 업무 가능

문서작업 보조	마케팅 보조	통번역 보조	시장조사 보조
문서 스타일 편집 데이터 입력 양식변환 단순입력 맞춤법 및 오탈자 확인	SNS 세팅 및 관리 검색 키워드 광고 콘텐츠 작성 웹페이지 개설(노코딩)	전화통역 초벌 번역 검수	논문검색 인터넷 자료 검색 전화조사 설문대행

디자인 보조		영상 보조	기타
로고·브랜딩 상세·이벤트 페이지 인쇄·홍보물 웹·모바일 디자인 패키지 디자인	캐리커쳐 웹툰·캐릭터·이모티콘 블로그·SNS·썸네일 디자인 수정 및 파일 변형 3D 모델링	영상 편집 영상 보정 영상 자막 영상 기획 영상 제작	전화 영업 CS 원격 업무 보조

2023년 8월 기준과 2024년 10월 기준을 비교해볼 때 카테고리별 점유율이 조금씩 변화되고 있다. 대분류의 기준으로 볼 때 23년 대비 점유율이 증가하고 있는 카테고리는 디자인, 마케팅, 문서작업, 번역 카테고리이다. 이는 고객들이 이지태스크 플랫폼에 요청하는 업무의 변화를 보여준다고 할 수 있다.

대분류	2023년	2024년	증감
시장(자료)조사	39.76%	29.51%	-10.26%
디자인	16.89%	21.17%	+4.28%p
마케팅	14.18%	18.07%	+3.88%p
문서작업	23.64%	25.16%	+1.52%p
통번역	1.03%	2.46%	+1.43%p
영상	4.50%	3.63%	-0.86%
합계	100.00%	100.00%	

그렇지만 시장조사의 경우 소폭 점유율은 하락했지만 전체 점유율 중 29.5%를 차지하는 가장 업무 요청이 많은 인기 카테고리라 할 수 있다.

중분류의 경우 23년 대비 증가하는 카테고리는 마케팅 콘텐츠 작성, 시장 조사의 데이터 입력, 디자인 카테고리의 인쇄, 홍보물 디자인 분야이다. 마케팅 분야의 콘텐츠 작성과 SNS 세팅 및 관리는 많은 고객이 요청하고 있는 업무이니 주목할 필요가 있다.

중분류	2023년	2024년	증감
콘텐츠 작성	8.50%	13.38%	+4.88%p
데이터 입력	11.72%	15.54%	+3.82%p
인쇄·홍보물	2.63%	5.36%	+2.73%p
SNS 세팅 및 관리	4.30%	4.17%	-0.13%
문서 스타일 편집	7.41%	6.55%	-0.87%
영상편집	3.75%	1.79%	-1.96%
웹·모바일 디자인	5.26%	2.59%	-2.66%
인터넷 자료검색	19.30%	15.65%	-3.64%
설문대행	17.52%	9.04%	-8.48%

이러한 업무 사례는 실제 기업들이 필요로 하는 직무와 밀접하게 연관되어 있으며, 특정한 전문 기술이나 시간 제약이 있는 경우 이루미들이 보다 유연하고 효율적으로 대응할 수 있다는 장점이 있다. 이러한 다양한 요청 사례들은 실제로 긱 워커로서의 업무 가능성을 높여주고, 특정 분야에서 전문성을 발전시키는 데 도움을 준다.

이 글에서는 각 업무 카테고리의 특징을 좀 더 명확하게 설명하고, 독자들이 어떤 업무를 통해 자신의 역량을 발휘할 수 있을지에 대한 실질적인 인사이트를 제공하였다.

– 실전 연습 –
문서 작업

주요 업무 ● 문서 작업 카테고리에서 고객들이 주로 요청하는 업무의 유형은 [문서 스타일 편집, 데이터 입력, 양식변환, 단순입력, 맞춤법 및 오탈자 체크] 등의 업무가 있고, 이외에도 문서 작업과 연관된 다양한 업무들이 요청되고 있다.

필요한 역량 ● 기본적으로 문서작업과 관련된 프로그램 역량이 필요하다. MS 오피스 (엑셀, 파워포인트, 워드), 한컴 오피스, 한글과 같은 기본적인 프로그램뿐 아니라 최근 들어서는 협업 업무가 증대되면서 노션, 구글 오피스도 많이 요청되고 있는 프로그램이다. 문서 작업에 관심이 있는 이루미라면 협업이 가능한 프로그램에도 관심을 가지고 학습할 것을 추천한다.

업무 역량 ● 문서 작업은 누구나 경험했고 지금도 일상생활에서도 많이 사용하고 있는 분야일 것이다. 기본적으로는 문장력, 타이핑, 문서 디자인 등의 경험과 활용 역량이 있다면 지금 당장 이루미 활동을 하는 데 문제는 없다.

실제 고객 요청 업무 사례 #1

| 업무 분야 |
문서 작업 〉 데이터 입력

| 요청 일시&작업 시간 | 2023-00-00 15:00, 1H

| 제목 | 유튜브 영상의 내용(소리+자막)을 스크립터로 작성하기

| 세부 내용 |
유튜브에 있는 5분 정도 영상을 보고 영상 내용(소리+자막)을 스크립터로 작성해 주세요. 그리고 아나운서와 출연자별로 시간을 기록해 주시고, 보기 좋게 가독성을 높여주세요. 결과물을 가지고 바로 회의를 해야 합니다. 자막 변환 툴은 사용하셔도 되는데 꼭 검수를 부탁드립니다. 수락하시면 채팅창에 영상 URL 공유하겠습니다.

| 요청 프로그램 | MS-워드

본 내용은 고객이 실제 요청한 업무 사례이다. 작업 시간은 1시간이며, 고객이 요청한 프로그램은 MS-워드이지만 고객에 따라 구글오피스 또는 노션과 같은 협업 툴로 요청하는 사례도 늘고 있다.

여러분에게 이 업무 요청제의 메시지가 왔다면 여러분은 어떤 선택을 하시겠습니까?

☐ 매칭 수락   ☐ 매칭 거절

매칭 수락을 선택하셨다면 지금 유튜브에 5분 정도 영상을 찾으셔서 업무를 진행해보시면 어떨까요?

실제 고객 요청 업무 사례 #2

| 업무 분야 |

문서 작업 > 양식변환

| 요청 일시&작업 시간 | 2024-00-00 16:00, 3H

| 제목 | 10페이지 한글 문서를 파워포인트 문서로 편집

| 세부 내용 |

예전에 시장 조사를 했던 한글문서가 있는데 이번에 아이디어 발표 준비가 회사 내에 있습니다. 기존 한글문서로 파워포인트로 바꿔서 발표해야 해서 요청드립니다. 파워포인트 경험이 있으신 분이었으면 좋겠고, 왼편에는 도표, 오른쪽에는 설명으로 구분해 주시고, 마스터는 기본 제공되는 것 중 내용과 맞는 것

으로 선택하시면 좋겠습니다. 도표와 텍스는 모두 한글문서에 있으니 그 내용을 잘 편집 변환 부탁드립니다. 시간 연장은 가능하니 중간에 알려주세요!

| 요청 프로그램 | MS-파워포인트

본 내용은 고객이 실제 요청한 업무 사례이다. 작업 시간은 3시간이며, 고객이 요청한 프로그램은 MS-파워포인트이지만 고객에 따라 다른 프레젠테이션 프로그램을 요청하는 경우도 있습니다.

여러분에게 이 업무 요청제의 메시지가 왔다면 여러분은 어떤 선택을 하시겠습니까?

☐ 매칭 수락   ☐ 매칭 거절

매칭 수락을 선택하셨다면 구글링을 통해 검색된 한글 문서를 10페이지 정도 파워포인트로 편집 변환해보시면 어떨까요? 아니면 예전에 작업했던 파워포인트 문서로 마스터 변환을 해보시면 어떨까요?

실제 고객 요청 업무 사례 #3

| 업무 분야 |

문서 작업 > 문서 스타일 편집

| 요청 일시&작업 시간 | 2024-00-00 09:00, 2H

| 제목 | 웹사이트의 내용을 엑셀문서로 만들어 주세요. 업체명/주소/전화번호를 각 셀로 구분해 정리해 주시고, 위치도 보았으면 합니다.

| 세부 내용 |

http://####.com/###이 사이트에 있는 의료기관 관련 업체명, 관련 아이템, 전화번호, 주소를 구글 스프레드시트 표로 정렬 가능하도록 해주시고, 그리고 표시된 주소가 어디쯤인지 보고 싶습니다. 내용 빠짐없이 작업해 주시고, 중간에 어떻게 진행되고 있는지? 한 번 정도 소통 바랍니다.

| 요청 프로그램 | 구글 스프레드시트

본 내용은 고객이 실제 요청한 업무 사례이다. 작업 시간은 2시간이며, 고객이 요청한 프로그램은 구글 스프레드시트이다. 조금은 낯선 프로그램이지만 요즘 협업이 강조되는 있는 매우 요긴한 프로그램이니 관심을 가지고 학습할 것을 추천한다.

여러분에게 이 업무 요청제의 메시지가 왔다면 여러분은 어떤 선택을 하시겠습니까?

☐ 매칭 수락   ☐ 매칭 거절

매칭 수락을 선택하셨다면 웹사이트의 내용을 엑셀로 구분해보는 건 어떨까요? 그리고 고객이 요청한 내용이 이게 맞는지 소통해 보는 건 어떨까요?

– 실전 연습 –
시장 조사(자료 조사)

주요 업무 ● 시장 조사 카테고리에서 고객들이 주로 요청하는 업무의 유형은 [인터넷 자료검색, 시장 분석자료 검색, 설문대행, 전화 조사, 논문 검색] 등의 업무가 있고, 이외에도 다양한 자료 조사와 관련된 업무들이 요청되고 있다.

필요한 역량 ● MS 오피스 (엑셀, 파워포인트, 워드), 한컴 오피스와 같은 기본적인 문서작업 프로그램뿐 아니라 최근 들어서는 협업 업무가 증대되면서 노션, 구글 오피스도 많이 요청되고 있다. 다만, 시장 조사에서는 설문 수집 도구어 대한 역량이 요구된다. 구글 폼, 타입 폼, 네이버 폼과 같은 설문 조사 기능도 요구되는 경우가 많다. 시장 조사에 관심이 있는 이루미라면 설문 수집 도구에 대해 관심을 가지고 학습할 것을 추천한다.

업무 역량 ● 문서 작업은 누구나 경험했고 지금도 일상생활에서도 많이 사용하고 있는 분야읻 것이다. 기본적으로는 문장력, 타이핑, 문서 디자인 등의 경험과 활용 역량이 있다면 지금 당장 이루미 활동을 하는 데 문제는 없다.

실제 고객 요청 업무 사례 #1

| 업무 분야 |
시장 조사 〉 인터넷 자료 검색

| 요청 일시&작업 시간 | 2023-00-00 17:00, 1.5H

| 제목 | 기업 단체 티셔츠 시장 조사

| 세부 내용 |
창립 10주년 회사입니다. 10주년을 맞아 기업 내 전 직원 행사를 하려고 하는데 단체 티셔츠를 생각하고 있습니다. 타 기업들의 단체 티셔츠 디자인은 어떤 게 있는지? 시장 조사를 바랍니다. 대략 10개 정도로 해주시고 가을에 맞는 디자인 조사였으면 합니다. 잘 부탁드립니다.

| 요청 프로그램 | MS-파워포인트

본 내용은 고객이 실제 요청한 업무 사례이다. 작업 시간은 1.5시간이다. 파워포인트로 요청했지만 다른 프로그램으로 요청할 수도 있으니 다른 프로그램 작업을 연습하는 것도 추천한다.

여러분에게 이 업무 요청제의 메시지가 왔다면 여러분은 어떤 선택을 하시겠습니까?

☐ 매칭 수락   ☐ 매칭 거절

매칭 수락을 선택하셨다면 여러분도 고객이 요청한 업무를 그대로 수행해보시면 어떨까요? 혹시 여러분이 고객이라면 하는 관점에서 조사를 하면 더욱 적극적인 자세로 임하지 않을까요?

실제 고객 요청 업무 사례 #2

| 업무 분야 |
시장 조사 〉 인터넷 자료 검색
| 요청 일시&작업 시간 | 2023-00-00 12:00, 3H
| 제목 | 민화 시장에 대한 자료 및 시장 조사
| 세부 내용 |
민화를 테마로 한 제품 및 서비스를 출시하기 위한 사업계획서 작성을 위해 다음과 같은 내용에 대한 자료를 조사하여 제공해 주시기 바랍니다.
1. 국내 미술시장 및 민화시장의 규모

2. 현재 판매되고 있는 민화 관련 상품 및 서비스 시장 조사: 사진, 링크, 인기도, 판매량, 판매처, 홍보채널 등
3. 민화를 취미로 즐기기 위해 배우고 있는 인구와 취미미술 클래스 개설량
4. 전업 민화 작가 현황 (작가 수, 전시횟수, 민화작가가 되는 경로)

| 요청 프로그램 | 프로그램 상관 없음

　본 내용은 고객이 실제 요청한 업무 사례이고 작업 시간은 3시간이다. 다른 사례의 업무에 비해 난이도가 있는 업무이기에 도전해 보는 것을 추천하고, 요청 프로그램은 지정하지 않았다. 이 경우 본인이 가장 잘 할 수 있고 익숙한 프로그램으로 업무를 수행할 수 있는 장점도 보인다.

　여러분에게 이 업무 요청제의 메시지가 왔다면 여러분은 어떤 선택을 하시겠습니까?

☐ 매칭 수락　　　☐ 매칭 거절

매칭 수락을 선택하셨다면 여러분도 고객이 요청한 업무를 그대로 수행해보시면 어떨까요? 난이도가 있다고 피하지 말고 한번 도전해보면 어떨까요?

실제 고객 요청 업무 사례 #3

| 업무 분야 |
시장 조사 〉 전화 조사

| 요청 일시&작업 시간 | 2024-00-00 10:00, 6H

| 제목 | OO시 OO구에 있는 로봇, 코딩 학원을 위한 시장 조사 의뢰

| 세부 내용 |
전화 또는 인터넷 조사로 파주시 문산읍에 있는 초등학생 대상 학원시장을 알아봐 주세요.
1. 초등학교와 초등학생 인구
2. 가정 내 평균 학원비
3. 주변에 있는 원어민 영어 몇 개나? 시간당 수강료는?
4. 주변에 있는 코딩학원 몇 개나? 시간당 수강료?
5. 일반 학원 영어 또는 수학 등의 학원비?
6. 초등학생들이 가장 많이 참여하고 있는 학원 또는 과외 수업

과목은?

7. 초등학생들은 주로 언제 학원을 가는지? 주중 또는 주말?

| 요청 프로그램 | 프로그램 상관 없음

본 내용은 고객이 실제 요청한 업무 사례이고 작업 시간은 6시간이다. 인터넷 자료 조사와 전화 조사를 병행해서 진행하는 업무로 지역 시장을 이해하는 데 도움이 되는 업무이기에 도전해보는 것을 추천하고, 요청 프로그램은 지정하지 않았다. 이 경우 본인이 가장 잘할 수 있고 익숙한 프로그램으로 업무를 수행할 수 있는 장점도 보인다.

여러분들에게 이 업무 요청 제의 메시지가 왔다면 여러분들은 어떤 선택을 하시겠습니까?

☐ 매칭 수락   ☐ 매칭 거절

매칭 수락을 선택하셨다면 여러분도 고객이 요청한 업무를 그대로 수행해보시면 어떨까요? 난이도가 있다고 피하지 말고 한번 도전해보면 어떨까요?

– 실전 연습 –
디자인

주요 업무 ● 디자인 카테고리에서 고객들이 주로 요청하는 업무의 유형은 상당히 다양한 직무로 구분되어 있는데 [로고&브랜딩, 상세페이지, 인쇄&홍보물, 인포그래픽, 웹&모바일 디자인, 패키지 디자인, 캐리커쳐, 웹툰&캐릭터&이모티콘, 디자인 수정 및 파일변환, 3D모델링] 등의 다양한 업무가 요청되고 있다.

필요한 역량 ● 크게 디자인 툴과 3D 툴로 구분해서 보면 디자인 툴로는 포토샵, 일러스트레이터, 인디자인, 미리캔버스, 캔바, 망고보드, 피그마, 스케치, 제플린, 엑스디, 스냅스와 같은 도구들이 있고, 3D 도구로는 쓰리디맥스, 마야, 오토캐드, 지브러시, 블렌더, 라이노, 시포디 등 다양한 도구를 활용할 수 있으면 좋다. 위와 같은 도구들의 라이센스는 이루미 본인이 소유하고 있어야 하며, 별도로 제공하지 않는다는 것을 유념해야 한다.

업무 역량 ● 위 프로그램들을 사용할 수 있는 역량이 기반되어야 하고, 외에도 디자인 수행 경험들이 있으면 유리하며, 포트폴리오도 있다면 프로필에 등록하는 것을 추천한다.

실제 고객 요청 업무 사례 #1

| 업무 분야 |
디자인 > 인쇄&홍보물
| 요청 일시&작업 시간 | 2024-00-00 18:30, 3.5H
| 제목 | 3단 리플렛 디자인 (참고 이미지 있음)
| 세부 내용 |
레이아웃과 내용은 정해져 있으니 동일하게 진행해주시고,
해당 레이아웃에서 퀄리티를 높게 부탁드립니다.
전반적으로 깔끔한 고딕체로 가독성이 높게 부탁드려요.
필요 이미지, 참고 레퍼런스 등 첨부해 두었습니다.
| 요청 프로그램 | 포토샵, 일러스트레이터

본 내용은 3단 리플렛 안에 들어가야 할 내용과 레이아웃은 고객이 정한 상태이고, 디자인 퀄리티를 높게 가독성 높은 결과물을 요청하는 업무이며, 필요 이미지나 레퍼런스를 바탕으로 업무를 진행하면 수행 가능한 업무라고 판단된다.

여러분에게 이 업무 요청제의 메시지가 왔다면 여러분은 어떤 선택을 하시겠습니까?

☐ 매칭 수락   ☐ 매칭 거절

매칭 수락을 선택하셨다면 유사한 내용으로 디자인 업무를 수행해 보시면 어떨까요? 훈련뿐 다니라 유사 업무를 수행할 때 많은 도움이 되리라 판단되어 추천해 본다.

실제 고객 요청 업무 사례 #2

| 업무 분야 |
디자인 > 디자인 수정 및 파일 변환
| 요청 일시&작업 시간 | 2024-00-00 17:30, 0.5H
| 제목 | 누끼 합쳐서 하나의 이미지 만들기
| 세부 내용 |
누끼 3개 합쳐서 하나의 이미지로 저장해 주시면 됩니다.
| 요청 프로그램 | 포토샵

본 내용은 간단한 업무로 작업시간은 30분으로 설정했다. 누끼 따

기와 같은 업무도 많이 요청되고 있다.

여러분에게 이 업무 요청제의 메시지가 왔다면 여러분은 어떤 선택을 하시겠습니까?

☐ 매칭 수락   ☐ 매칭 거절

매칭 수락을 선택하셨다면 유사한 내용으로 디자인 업무를 수행해 보시면 어떨까요? 훈련뿐 아니라 유사 업무를 수행할 때 많은 도움이 되리라 판단되어 추천해 봅니다.

실제 고객 요청 업무 사례 #3

| 업무 분야 |

디자인 〉 웹&모바일 디자인

| 요청 일시&작업 시간 | 2024-00-00 13:30 3H

| 제목 |

adobe XD로 웹 사이트 디자인 결과물(Zeplin) 기준 모바일 디자인 항목수정 - 모바일 페이지 5장 내외

| 세부 내용 |

Adobe XD로 웹 사이트 디자인 결과물(Zeplin) 기준 모바일 디자인 항목수정

- 모바일 페이지 5장 내외

플랫폼 서비스를 만들고 있습니다.

요구사항 명세서가 있고, 웹 사이트쪽의 회원가입 / 현장통 개설 등 기능별로 제작되어 제플린에서 확인이 가능합니다.

웹사이트를 우선으로하고 모바일 앱쪽 기능을 동시에 작업하다보니 모바일 쪽에서 빠진 부분이있습니다.

그런 부분 페이지 작업을 요청드립니다.

첫번째 작업해야할 참고파일 보여드릴께요.

이런 비슷한 느낌인데 디자인 가이드가 어느정도 있어서 수정을 하고 컨펌 받으시면됩니다.

팝업 페이지도 같이 해야합니다.

장기로 할 수 있으면 좋습니다.

(1월 내내 작업 필요할 수 있음)

요구사항

- zeplin 아이디 있고, 자료 확인이 가능한 사람

- xd 로 모바일 작업 경험이 있는 사람

| 요청 프로그램 | 엑스디(XD)

본 내용은 모바일 페이지 디자인 업무이고, 3시간 예정되어 있지만 시간 연장도 가능한 업무이다. 디자인 업무는 특히 고객과 이루미간의 소통이 중요하다. 정보의 교환뿐 아니라 중간 중간 진행 상황에 대한 소통이 있어야 좋은 결과물을 도출할 수 있다.

여러분에게 이 업무 요청제의 메시지가 왔다면 여러분은 어떤 선택을 하시겠습니까?

매칭 수락을 선택하셨다면 유사한 내용으로 디자인 업무를 수행해 보시면 어떨까요? 훈련뿐 아니라 유사 업무를 수행할 때 많은 도움이 되리라 판단되어 추천해 봅니다.

– 실전 연습 –
마케팅

주요 업무 ● 마케팅 카테고리에서 고객들이 주로 요청하는 업무의 유형은 [SNS 세팅 및 관리, 검색 키워드 광고, 컨텐츠 작성, 웹 페이지 개설(노코딩)] 등의 업무가 있고, 이외에도 다양한 마케팅 연관된 업무들이 요청되고 있다.

필요한 역량 ● MS 자료조사와 마찬가지로, 기본적인 MS오피스, 한컴오피스, ppt 등의 문서작업 프로그램이 사용된다. 그리고 원격근무인 만큼 고객과의 커뮤니케이션을 통한 니즈를 확인하려는 노력이 중요하므로 실시간으로 콘텐츠/이미지 등을 삽입하고 바로 피드백을 주고받기 쉬운 구글docs , 구글 slide등도 많이 활용되고 있다. 디자인 전문가가 아니더라도 figma로 자료를 주고받는 경우가 많아 기본적인 기능을 알아두면 도움이 된다.

업무 역량 ● SNS 관련 업무가 많기 때문에 각 채널(페이스북, 인스타그램, 블로그, 틱톡)의 특성 및 장점에 대해서는 인지하고 활용할 수 있는 것이 좋다. 또한 정보를 검색하는 역량이 매우 중요하다. 마케터로서 업무 경험을 가지고 있는 이루미라면 바로 도전해도 무방하다.

실제 고객 요청 업무 사례 #1

| 업무 분야 |
마케팅 〉 검색 키워드 광고

| 요청 일시&작업 시간 | 2023-00-00 17:30, 0.5H

| 제목 | 인스타 계정 팔로우 및 컨텐츠 좋아요. 작업

| 세부 내용 | https://www.in*****/****/***

1. 인스타계정 팔로우

2. 모든 콘텐츠에 좋아요 누르기

3. 완료 후 채팅방에 공유되는 엑셀 시트에 이름과 본인 계정 입력하기

4. 완료!

| 요청 프로그램 | 없음

본 내용은 인스타 계정 팔로우 및 컨텐츠에 좋아요 누르기 업무로 아주 간단한 업무이다. 실제 시간도 10분~30분으로 업무량에 따라 달라진다. 아주 간단하게 도전하기 쉬운 업무이고, 이 매칭 업무는

20~30명 정도 매칭하는 경우가 일반적이다.

여러분에게 이 업무 요청제의 메시지가 왔다면 여러분은 어떤 선택을 하시겠습니까?

☐ 매칭 수락   ☐ 매칭 거절

이렇게 10~20분 정도의 업무라도 도전해 보시고, 체험하시는 것을 추천드립니다.

실제 고객 요청 업무 사례 #2

| 업무 분야 |

마케팅 > 콘텐츠 작성

| 요청 일시&작업 시간 | 2024-00-00 13:00, 2H

| 제목 | [블로그 글 콘텐츠] 원고작성

- 결과물에 따라 장기 업무 요청 예정

| 세부 내용 | 제목과 동일하게 블로그 콘텐츠입니다.

https://***.**/*****

해당 내용을 통한 레퍼런스 및 간략한 소개 안내 드립니다.

> 상품을 만드는 데 있었던 제작노트/건강정보 (홍삼/아연/칼슘 등) 블로그 관련 게재 콘텐츠를 요청드립니다. 정성과 상위노출 경험이 있는 경우, 꾸준한 장기 연재를 부탁드릴 예정입니다.
>
> | 요청 프로그램 | 구글 스프레드시트

본 내용은 컨텐츠 제작과 관련된 업무 요청이고, 결과물의 품질에 따라 정기 매칭도 가능하다고 제안하는 내용이다. 관련된 컨텐츠 제작 요청이 많아지고 있기 때문에 관심 있는 이루미들의 도전이 필요한 상황이다.

여러분에게 이 업무 요청제의 메시지가 왔다면 여러분은 어떤 선택을 하시겠습니까?

> ☐ 매칭 수락   ☐ 매칭 거절

선택했다면 특정 기업 또는 본인이 근무한 회사를 대상으로 마케팅 컨텐츠를 제작하는 훈련을 한다면 관련 업무에 대한 자신감을 가질 수 있을 것으로 판단된다.

실제 고객 요청 업무 사례 #3

| 업무 분야 |

마케팅 > 콘텐츠 작성

| 요청 일시&작업 시간 | 2024-00-00 13:00, 2H

| 제목 |

창업교육 홍보 퍼포먼스 마케팅_ 링크드인, 메타 등 SNS를 활용한 마케팅 계획 수립, 콘텐츠 제공, 매칭 전 사전 줌 미팅 진행 필요

| 세부 내용 |

1. 업무 요청 상세 내용

- 매칭 전 줌 미팅으로 상세 과업 및 업무 수행 능력 확인 절차 진행
- 희망 이루미 : 퍼포먼스 마케팅 수행 계획 수립 및 제안 가능자, 퍼포먼스 마케팅 레퍼런스 보유자
- 업무 일정

1) 마케팅 계획 수립 기간 : 7/29(월)~8/2(금)

　　*7월 29일 일일 진행 후 정기 이루미로 변환 예정

2) 마케팅 수행 기간 : 8/5(월)~8/23(금)

　　* 일일 업무 시간 협의(1일 3~4시간 예상)

- 주요 업무 : 스타트업 창업 교육 프로그램 신청자 수 및 트래픽 증가를 위한 홍보 퍼포먼스 마케팅

★ 오프라인 교육 신청자와 온라인 교육 신청자 회차당 1,000명 목표

1) 마케팅 계획 및 KPI 수립(업무 우선순위 최상)(7/29~8/2)

 *일정 변동될 수 있음

 - 최상의 트래픽과 신청률을 낼 수 있는 마케팅 구조 수립
 - 링크드인, 페이스북, 오픈채팅방 활용 예정

2) SNS 채널별 퍼포먼스 마케팅 1차 수행(8/5~8/9)

 *8/9 중간 점검

 - 홍보 이미지 및 콘텐츠 제공 예정, 채널에 맞게 단순 수정 필요
 - 링크드인, 페이스북, 인스타그램, 오픈채팅방 등 활용하여 퍼포먼스 진행

3) 모집 추이 등에 따라 계획 수정하여 퍼포먼스 마케팅 2차 수행(8/9~8/23)

4) 마케팅/홍보 결과 취합(8/26) – 업무 진척도 수시 보고 필수

2. 폰트 & 색상 –별도 가이드 제공

| 요청 프로그램 | 없음

본 내용은 마케팅 분야에서 정기 매칭을 위한 사전 매칭으로 [줌] 미팅을 요청했다. [줌]이 가능한 이루미가 관심 가져볼 만한 업무라고 판단되며, 정기 매칭에 관심 있는 이루미의 경우 관심을 가지고 도전해볼 만한 업무 영역이라 생각된다.

여러분에게 이 업무 요청제의 메시지가 왔다면 여러분은 어떤 선택을 하시겠습니까?

☐ 매칭 수락   ☐ 매칭 거절

− 실전 연습 −
영상&번역

실제 고객 요청 업무 사례 #1

| 업무 분야 |

영상 〉 영상 편집

| 요청 일시&작업 시간 | 2024-00-00 17:30, 2H

| 제목 | 20초 분량 릴스 영상 편집(영상편집 O, 자막 O) (원본 촬영영상 및 컨셉 가이드 영상 제공)

| 세부 내용 |

1. 업무 요청 상세 내용

− 20초 분량의 릴스 영상을 편집해 주세요.

− 영상 편집 외에도 자막을 추가해 주세요.

− 대본은 매칭되면 전달 예정입니다.

− 버전은 2~3개 요청하며, 원본 데이터를 제공해 주셔야 합니다.

2. 업무 우선순위

− 빠른 완료를 원합니다. 작업 우선순위를 부탁드립니다.

3. 중간 검수

- 초반 작업 확인 후 진행을 희망합니다.

4. 업무 마무리

- 요청한 시간만큼 최대한 작업해 주세요.

5. 가이드/샘플(양식)/첨부파일

- https://you****.com/***rts*****=5U-IV***

| 요청 프로그램 | 없음

본 내용은 릴스 영상 제작에 대한 내용이며, 24년 하반기 이후 고객의 요청이 꾸준히 높아지는 업무 영역이다. 혹시 영상 기획, 편집에 관심 있는 이루미라면 관심을 가져도 될 것 같다.

여러분에게 이 업무 요청제의 메시지가 왔다면 여러분은 어떤 선택을 하시겠습니까?

☐ 매칭 수락　　☐ 매칭 거절

실제 고객 요청 업무 사례 #2

| 업무 분야 |

통번역 〉 초벌번역

| 요청 일시&작업 시간 | 2024-00-00 10:00, 2H

| 제목 | 영어 설문지 초벌 번역 및 정리

| 세부 내용 |

- 작성방법 : 아래 링크(google form) 접속 후 답변 작성

 (내용 없는 부분은 '1' 등을 입력해서 다음 페이지로 넘어가서

 총 60항목 이상이 있습니다.)

 링크: https://forms.gle/************

- 작성기한 : ~*/23(수)

- 작성언어 : 영문 작성 (필요 시 구글번역기 등 사용 권고)

마지막 수정일: 202*년 *월 21일

| 요청 프로그램 | 없음

본 내용은 간단한 초벌 번역을 요청하는 업무이다. 구글 번역기 사용을 언급하였기 때문에 다양한 번역기 활용해서 업무를 작업해도 무방하다. 번역기를 사용한 초벌 번역에 관심이 있는 이루미라면 한번 도전해도 될 듯하다.

여러분에게 이 업무 요청제의 메시지가 왔다면 여러분은 어떤 선택을 하시겠습니까?

☐ 매칭 수락   ☐ 매칭 거절

– 실전 연습 –
기타

실제 고객 요청 업무 사례

| 업무 분야 |

기타/콜

| 요청 일시&작업 시간 | 2024-00-00 10:00, 5H

| 제목 | 추석 선물 배송(배송지 확인, 배송일자 안내) 해피콜 및 내용 작성

| 세부 내용 |

링크에서 확인하시어 금일 업무 진행하시면 됩니다.(인당 128콜 예정)

시작/종료버튼 꼭 눌러서 진행 부탁드립니다.

1. 해당 업무는 3차 콜까지 금일 내 마무리되어야 합니다.
2. 1차 콜을 먼저 우선으로 전화합니다.
3. 업무 시작 시간의 변경이 필요한 경우 하기 전화번호로 연락 주시면 됩니다.

> 3. 문제가 있다면 *** 매니저 010-****-****로 문자 남겨주세요.
>
> 업무 링크 : https://docs.google.com/****************
>
> | 요청 프로그램 | 없음

본 내용은 추석 선물에 대한 배송 확인에 대한 전화 업무이며, 주소지와 배송일자를 확인하는 업무로 주로 추석, 구정 등 명절에 업무가 폭주한다. 영업 전화가 아닌 단순 확인 업무라서 인기가 있는 업무이다.

여러분에게 이 업무 요청제의 메시지가 왔다면 여러분은 어떤 선택을 하시겠습니까?

☐ 매칭 수락   ☐ 매칭 거절

Chapter 7

이것만은 꼭! 이루미 활동 수칙 7가지

이 장에서는 이루미로서 꼭 지켜야 할 일곱 가지 활동 수칙을 정리했다. 이 수칙들은 성공적인 긱 워커 생활을 위한 기본 원칙으로, 긱 워커가 고객의 기대를 충족시키며 신뢰를 쌓는 데 큰 도움이 될 것이다.

고객과의 신뢰를 쌓는 시간 약속
(지각과 노쇼는 NO!)

디지털 플랫폼은 비대면을 기본으로 한다. 비대면으로 일한다고 해서 고객과의 상호 예의를 지키지 않아도 된다는 말은 아니다. 오히려 비대면에서는 고객만족도를 높이기 위한 노력이 필요하며, 고객만족도가 높아질수록 재매칭 (고객이 다시 업무를 특정 이루미와 매칭하는 유형)이 늘어나고, 고객 평가가 좋을수록 정기 매칭 (고정적인 요일과 시간에 정기적으로 매칭하는 유형)도 늘어날 수 있다.

고객과의 첫 번째 약속은 시간을 지키는 것에서 시작한다. 지각과 노쇼는 고객의 불만을 초래할 뿐만 아니라, 플랫폼에서도 공식적인 페널티가 적용되는 사안이므로 주의가 필요하다. 지각은 약속된 업무 시간에서 15분 이내로 지체된 것을 의미하고, 15분이 초과할 경우 노쇼로 처리된다. 페널티는 지각은 30일, 노쇼는 90일 동안 매칭이 제한되며, 해당 페널티 기간 동안에는 고객의 업무를 수행할 수 없다.

또한, 업무 종료 후 고객과 사전 협의 없이 결과물을 제출하지 않는 경우에도 노쇼로 간주되어 노쇼에 해당하는 페널티가 적용된다.

실제 사례: 지각과 노쇼 극복 이야기

이루미 A는 첫 업무를 수락한 후, 노쇼로 인해 매칭 제한 페널티를 받게 되었다. 이로 인해 90일 동안 매칭 기회가 제한되었고, 업무 제안을 받을 수 없는 상황에 놓였다. 이 사건을 통해 이루미 A는 시간 관리의 중요성을 깨닫게 되었고, 이후 업무 제안을 수락하기 전에 요청서의 세부 사항을 철저히 확인하며, 업무 알림 설정을 통해 체계적으로 시간 관리를 시작했다.

그 결과, 이루미 A는 고객과의 신뢰를 회복할 수 있었고, 철저한 시간 관리 덕분에 이루미 A는 이후에도 많은 재매칭과 정기매칭 기회를 얻으며, 긱 워커로서 성공적인 커리어를 계속해서 쌓아가고 있다.

고객 한 명을 위한 노력
(중복 업무 수행 불가)

동일 시간대에는 한 가지 업무만을 수행해야 한다. 어떤 이루미의 경우 멀티태스킹을 강조하면서 같은 시간대에 여러 고객의 업무를 수락하는 경우가 있는데 이 또한 엄격히 규제하고 있다. 이루미는 고객에게 최상의 결과물을 제공해야 하는 의무가 있고, 그 역량과 시간이 가능할 경우 고객의 업무를 수락한다. 이런 관점에서 동일 시간대에 여러 업무를 수행하는 것은 도의상 올바르지 않다.

업무 제안을 수락할 때 업무 시작 시간 등 내용을 꼼꼼히 확인하지 않고 무턱대고 수락 버튼을 누르면, 배정된 업무들의 시간대가 겹치는 상황이 발생할 수 있다. 같은 시간대에 2개 이상의 업무를 동시에 처리하는 것을 이지태스크에서는 '더블 매칭'이라고 하는데, 이렇게 업무를 진행하는 것은 거의 불가능할 뿐만 아니라, 설령 가능하더라도 결과물의 질이 크게 떨어질 가능성이 높다. 꼼꼼한 내용 확인과 시간 관리가 이루미의 성공적인 업무 수행에 필수적이다.

실제 사례: 더블 매칭 이야기

이루미 A는 이루미 활동을 시작한 후 1개월 정도로 매칭에 익숙하지 않은 상황에서 더블 매칭을 경험하게 되었다. 의도적으로 더블 매칭을 한 것은 아니었지만, 두 번째 수락한 업무 시간이 다가오면서 더블 매칭을 확인하게 되었다. 아직 두 번째 업무가 시작되기 전이어서 이루미 A는 고객센터로 연락해 더블 매칭을 알렸고, 고객센터에서는 두 번째 업무를 맡긴 고객과 소통하여 다른 이루미로 매칭 조정을 진행했다. 두 번째 고객은 고객센터를 통해 이루미 A에게 감사를 표했고, 이후 새로운 업무를 이루미 A에게 요청하게 되었다. 고객은 아주 사소한 것이지만 이루미 A에게 감사함을 느꼈던 것이다.

고객 만족도를 높이기 위한
채팅창 활용

업무와 관련된 고객과의 소통은 이지태스크에서 제공하는 채팅창을 통해 이루어진다. 채팅창이 필요한 이유는 업무 요청서의 내용이 명확하더라도, 작업을 시작하기 전에 본인이 이해한 업무 내용이 정확한지, 어떻게 진행할 것인지에 대해 소통하면 작업의 효율성을 높일 수 있기 때문이다. 채팅창을 소통 고객과 이루미의 정보 교환을 통해 오해나 불만을 미리 방지할 수 있다. 고객과의 원활한 소통은 결과물의 완성도뿐만 아니라 고객 만족도까지 크게 높이는 데 중요한 역할을 할 수 있기에 고객의 업무 요청서를 내가 재해석하거나 임의로 작업을 진행하지 말고 고객의 의견이나 생각을 정확하게 이해하고 업무를 시작하는 것을 추천한다.

실제 사례: 채팅창을 통한 업무 효율 증대

고객이 시장 조사를 요청한 사례가 있다. 신규 사업을 준비 중인 고객이었는데 00시장의 조사를 하고 그 내용을 구글 스프레드시트로 정리해달라는 업무였다. 처음 업무 요청서에는 다섯 가지 항목으로 조사를 요청했는데 이루미 A가 생각할 때에는 추가 항목을 넣는 것이 좋다고 판단해서 채팅창을 통해 확인을 했었는데, 고객이 실수로 항목 하나를 요청서에 넣지 못했던 것이었다. 그래서 항목 1개를 추가해서 여섯 개 항목으로 시장 조사를 해서 결과물을 제공하게 되었다. 그 이후 고객은 꼼꼼하게 체크하고 물어봐 준 A이루미에게 정기적으로 업무를 맡기는 사례가 있었다. 그냥 넘어갈 수 있었던 것을 중간소통으로 고객의 의견을 확인했던 것이 결국 고객만족으로 돌아오게 된 것이었다.

업무 수락 시
필수 확인 사항

    이루미로 업무를 시작하게 되면 고객의 요청사항과 이루미가 등록한 업무 카테고리, 그리고 스케쥴표(가능 요일과 가능 시간)를 기반하여 매칭 제의를 이루미들에게 알림 톡을 통해 제공한다. 업무를 제공할 때 기본적인 사항을 확인하지 않고, 무턱대고 수락하게 되면 큰 낭패를 볼 수 있다. 업무를 수락하기 최소한 4가지는 반드시 확인하고 업무 수락할 것을 추천한다.

1. **작업 시간**: 업무 시작 시간과 소요 시간, 그리고 예상되는 종료 시간을 확인해야 한다. 내가 수행하지도 못할 시간의 업무를 수락하면 안된다.

2. **업무 내용**: 어떤 업무를 수행하는지, 내가 충분히 할 수 있는 일인지 확인해야 한다. 내가 한 번도 해보지 않은 업무를 도전하는 것도 좋지만 그래도 할 수 있는 업무인지 한번은 확인하고 업무 수락을 권고한다.

3. **사용 프로그램**: 고객이 요청한 작업을 진행할 프로그램이 무엇인지 반드시 확인해야 한다. 예를 들어 고객은 [노션] 프로그램으로 작업 요청을 했는데 노션의 사용 방법을 모르면 낭패일 수 있다. 꼭 확인해야 한다.

4. **시급 정보**: 해당 업무의 정산 금액과 시급을 확인해야 한다. 일한 만큼 정상적인 시급이 책정되었는지 확인하고 업무 수락을 하는 것을 권고한다.

실제 사례: 묻지마 수락을 통한 업무 취소 사례

고객이 요청한 업무는 OO시장 조사이다. 이 업무를 수행하기 위해 이루미에게 기초조사를 맡긴 후 그 자료를 바탕으로 내용을 보강하여 상사에게 보고해야 할 예정이었다. 상사에게 보고할 문서의 형식과 작업 형식은 [노션]이었는데 업무요청서에는 정확하게 노션으로 작업해 달라는 내용이 있었는데 이루미A가 확인하지 못하고 묻지마 수락을 하고, 중간 소통도 없이 이루미가 작업하기 익숙한 MS WORD로 작성하여 결과물을 제출하였다. 이 문제로 고객 클레임이 발생했고, 잘 해결하기는 했지만, 이것을 통해 많은 시간과 비용이 낭비되었던 사례가 있었다. 업무 수락 전 확인해야 할 네 가지를 꼭 확인해보자.

중간 소통을 통한
고객 클레임 극복

고객이 요청하는 업무는 카테고리와 내용에 따라 난이도가 조금씩 상이할 수 있다. 처음 시작하는 이루미들도 항상 물어보는 것 중 하나가 결과물에 대한 고객 클레임이 있는가?에 대한 질문이다. 그러면 이지태스크에서의 표준 가이드는 중간 결과물에 대한 고객과의 공유이다.

단순한 업무도 있지만 때로는 복잡하고 어려운 업무도 있을 수 있다. 특히 결과물에 대한 고객의 만족도는 전적으로 고객이 결정하는 부분이기 때문에, 이루미 입장에서는 어떻게 하면 고객이 만족할 만한 결과물을 제공할 수 있을지 고민하게 된다.

업무를 진행하는 동안 중간 중간 고객에게 현재까지 진행된 작업물을 공유하고, 이에 대해 소통하는 것은 매우 중요하다. 이러한 소통을 통해 업무의 방향성을 확인하고, 수정이나 보완이 필요한 부분을 사전에 파악할 수 있기 때문이다. 더불어, 고객의 요구사항이 반영된 결과물을 제공하는 데도 큰 도움이 된다. 실제로 우수한 이루미들은 중간 결과물 공유와 소통을 통해 높은 고객 만족도를 이끌어낸다. 특별한 수정 요청이 없더라도, 어느 정도 진행된 상황을 공유하는 것만으로도 고객은 이루미에 대해 신뢰와 긍정적인 인상을 얻게 된다.

실제 사례: 업무 요청시간의 50%가 지난 후 중간결과물 공유를 통한 고객 만족 사례

고객의 요청 사항이나 결과물에 대한 생각을 이루미가 모두 예측할 수 없다. 그것은 신의 영역이기 때문이다(그만큼 어렵다는 것이다). 특히 디자인 카테고리의 업무는 약간의 창의적 영역이기 때문에 결과물에 대한 만족도를 예측할 수 없다. A이루미의 경우에는 늘 업무시간의 50%가 지난 후 그때까지 만들어진 디자인 결과물을 고객과 공유한다. 업무의 루틴처럼 항상 그렇게 업무를 진행한다. A이루미의 경우 지금까지 결과물에 대한 고객 클레임이 단 한 건도 접수되지 않았다. 그 이유는 고객과의 중간점검을 통해 결과물의 이미지를 맞춰 나갔기 때문이다. A이루미에게 업무를 요청한 고객들의 평가점수도 매우 높다. 여러분들도 A이루미의 사례를 한 번 정도는 벤치마킹하는 것을 추천해 본다.

업무 시작&종료 버튼의
중요성

　이루미가 플랫폼을 이용해 업무를 시작할 때와 종료할 때 가장 중요한 일은 업무 시작 버튼& 업무 종료 버튼을 누르는 것이다. 당연해 보일 수 있는 일이지만 많은 이루미들이 실수로 시작&종료 버튼을 누르지 못해 예상치 못했던 곤란한 상황을 겪는다. 그 이유는 업무를 시작하고 종료하는 시간이 비용 정산의 중요 기준 데이터가 되기 때문이다. 물론 시작&종료 버튼을 누르지 않는 실수를 한다 해서 비용 정산을 받지 못하는 것은 아니지만 상당한 불편과 시간이 소요된다. 업무 시작 버튼은 업무 시작 시간 5분 전부터 활성화된다. 만약 15분 이상이 지나면 버튼은 비활성화되어 더 이상 클릭할 수 없고, 이 경우 업무를 진행하지 않은 것으로 간주되어 노쇼로 처리된다. 실제로 업무를 수행했지만 시작 버튼을 누르지 않은 경우, 고객센터에 문의해 수정할 수 있으나 절차가 복잡해지고 정산 지연의 원인이 될 수 있다. 이를 방지하기 위해 업무 시작과 종료 10분 전에 앱 알림이나 알림 톡이 전송되므로, 버튼 클릭도 업무의 일부로 생각하고, 시작과 종료 시 버튼을 누르는 습관을 들이는 것을 추천한다.

실제 사례: 시작&종료 버튼 오류로 인한 정산 비용 지급 지연

　A이루미의 경우 업무를 종료하고 영업일 기준 5일이 경과했는데 일한 비용이 계좌로 입금되지 않아 부랴부랴 고객센터로 연락을 했다. 내용을 확인해 보니 A이루미는 실수로 시작&종료 버튼을 누르지 않았던 것이다. 결국 고객센터는 해당 업무를 요청한 고객에게 연락해 업무 내용과 결과물을 확인한 후 A이루미에게 정산비용을 지급하게 되었는데 이럴 경우 1,2일 정도 지급일자가 지연되게 되었다. 이후 A이루미는 시작&종료 버튼을 루틴처럼 만들어 실수하지 않고 정상적인 프로세스로 이루미 활동을 하고 있다.

업무 시간
연장을 위한 팁

업무를 맡기는 고객과 이를 수락하는 이루미 모두 소요 시간을 정확하게 예측하기 어렵다. 일반적으로 고객은 본인 기준으로 생각한 시간보다 약간 짧게 업무를 요청하는 경향이 있다. 그러나 이루미 입장에서는 항상 시간이 부족하다고 느낄 수밖에 없다.

물론, 고객이 요청한 시간 안에 최상의 결과물을 내놓는 것이 이상적이지만, 업무를 진행하면서 발생할 수 있는 돌발적인 변수들이 많기 때문에 이를 고려해야 한다. 예를 들어, 고객의 요청 사항이 중간에 변경되거나 추가될 수 있고, 때로는 고객이 미처 생각하지 못한 새로운 방향을 이루미가 제시해야 할 때도 있다.

이러한 상황에서는 고객과 이루미가 업무 시간 연장을 합의하는 것이 필수적이다. 그러나 합의가 이루어지지 않거나, 이루미와 고객의 일정이 맞지 않는 경우도 발생할 수 있다. 이런 경우에는 주어진 시간 안에 최대한 업무를 진행한 후, 예정된 시간에 맞춰 업무를 종료해야 한다. 고객이 응답하지 않는다면, 기다리지 말고 업무를 마무리하는 것이 원칙이다.

이루미가 개인 시간을 들여 업무를 마무리하거나 임의적으로 업무 시간을 연장하게 되면 문제가 될 수 있다. 고객과 이루미에게 시간은 곧 돈이므로, 자신의 시간을 신중하게 관리하는 것이 지속 가능한 이루미 생활을 위한 핵심 요소이다.

실제 사례: 나 혼자 업무 연장을 결정하고 발생한 고객 클레임

A이루미는 2시간 예정된 업무를 수락해서 진행하고 있었다. 고객과 채팅창을 통해 중간 소통도 있었고 결과물에 대한 소통도 있었다. 업무를 마무리할 시점에 이루미A는 30분 정도만 시간이 더 있다면 결과물을 더 좋게 만들 수 있는 방법이 생각났다. 그래서 고객에게 업무 연장을 요청했는데 고객은 그 요청사항에 대한 피드백을 남기지 못했다. 이에 A이루미는 고객이 이해해줄 것이라 생각하고 임의적으로 시간을 연장해서 업무를 진행했다. 그 이후 실제 업무 시간만큼 정산되지 못하고 원래 약속된 시간만큼만 정산되었다. 이에 이루미A는 고객센터로 확인 요청을 했고, 그 내용을 확인한 결과 고객은 동의하지 않았는데 이루미A가 임의적으로 시간을 연장해서 진행할 것으로 확인되었다. 이와 같은 난감한 사례가 발생하지 않기 위해서는 예정된 시간

을 연장해야 할 경우 채팅창을 통해 고객과 소통해서 합의가 이루어지고 실제 시간이 연장된 것을 확인한 후 업무를 진행하는 것을 강력히 추천한다.

Chapter 8
긱 워커로 성공하기 위한 비결

이지태스크는 누구나 한가지 업무만 잘 할 수 있다면 쉽게 수행할 수 있는 일들이 많기 때문에 별도의 스펙이나 역량을 준비할 필요는 없다. 그러나 이런 쉬운 업무들 속에서도 차별성과 경쟁력을 갖추기 위해서는 단순히 업무를 잘하는 것 이상의 전략이 필요하다. 꾸준히 많은 업무를 수주하는 이루미와 그렇지 못한 이루미 사이에는 분명한 차이가 있으며, 상위 1% 이루미들의 성공 전략을 통해 그 노하우를 알아보자.

매력적인 나만의
프로필 만들기

　이루미 활동에서 가장 중요한 첫걸음은 본인의 프로필을 등록하는 것으로 시작한다. 이루미는 직접 고객에게 영업할 필요 없이, 이지태스크의 매칭 알고리즘을 통해 업무 제안을 받고 매칭이 이루어지는 시스템으로 이루미가 등록한 프로필은 알고리즘이 나의 역량과 능력을 파악하는 유일한 정보라 할 수 있다.

　따라서 내가 잘하는 업무 카테고리와 연관 프로그램 활용 능력 등을 최대한 상세히 기록할수록, 매칭 제안을 받을 가능성이 높아지며, 매칭된 업무에서 좋은 결과를 낼수록 이루미로서의 역량이 더욱 높게 평가되며, 이를 바탕으로 더 많은 업무 제안을 받을 수 있는 인프라가 될 수 있다.

　자격증이나 포트폴리오가 있다면 반드시 등록하는 것이 좋다. 특히, 포트폴리오가 등록된 이루미는 장기적인 프로젝트나 기업의 정기 업무를 맡게 되는 경우가 많다. 포트폴리오가 반드시 화려할 필요는 없지만, 간단한 형태라도 준비해 두는 것이 중요하며, 더욱 중요한 것은 이루미 활동을 하면서 포트폴리오와 자격증은 꾸준히 업데이트하는 것이 중요하며, 이는 긱 워커로서의 커리어뿐만 아니라 장기적인 자기 자산이 될 수 있다. 즉 자신의 역량 자산을 관리하는 것이라 생각하면 좋다.

이처럼 프로필을 충실하게 작성하고 자격증과 포트폴리오를 꾸준히 관리하는 것은, 이루미로서 성공적인 활동을 이어가는 데 필수적인 요소라 할 수 있고, 상위 성과가 보이는 특성이라 할 수 있다.

실제 사례: 자격증과 포트폴리오가 있는 이루미는 매칭 기회가 높아진다.

A이루미는 처음 프로필을 등록할 때 자격증과 포트폴리오를 등록하지 않았다. 뭐 크게 도움이 되지 않을 것 같았고, 자기 자랑하는 것 같기도 해서 등록하지 않았지만 6개월 정도 지난 후 모두 등록하였다. 이즈음 이지태스크도 기업고객이 많이 늘어나면서 특정 자격증과 업무 경력이 있는 이루미에게 매칭을 요구하는 경향이 늘었다. 예를 들어 00자격증이 있는 이루미로 매칭해주세요. 00업무 경력이 있는 이루미로 매칭해주세요. 라는 식의 요청이 늘어나고 있는 상황이었다. 그 이후 A이루미는 기존보다 30% 정도는 더 많은 매칭 제의를 받게 되었고, 업무 수행 실적도 늘어났다. 수행 실적이 늘고 업무 성과가 높

으면 고객의 평가도 좋아지게 되고, 재매칭 수도 늘어나게 되는 선순환의 고리로 들어갈 수 있다. 실제 이지태스크에서는 업무를 요청하는 고객들이 늘어나면서 자격증과 포트폴리오에 대한 관심과 요청이 늘어나고 있는 것은 확실하다. 거짓말을 하자는 것이 아니라 있는 것은 그대로 알리자는 것이다.

첫 업무 도전,
빠르면 빠를수록 좋다

　이루미로서의 업무를 시작하는 가입 단계는 회원 가입, 프로필 작성, 그리고 이루미 테스트 통과로 이뤄지며, 가입 단계를 성공적으로 완료하면 이제부터 본격적으로 이루미 활동을 시작할 수 있다.

　가입하는 것보다 더 중요한 것은 이루미로 첫 활동을 시작하는 것이라 할 수 있다. 처음 이루미로 가입했을 때는 자신감도 있고, 의지도 있었지만 실제 매칭 제의를 알림 톡으로 받으면 많은 이루미가 망설이게 된다. 실제 업무에 대한 부담감, 결과물에 대한 고객의 반응 등 생각이 많아지면서 업무 수락을 망설이는 사례가 많다.

　업무 매칭 경험이 많은 이루미도 처음은 다 그랬을 것이다. 그런데 매칭 경험이 많은 이루미가 한결같이 얘기하는 것 중 하나는 매도 먼저 맞자라는 도전 의식이었고, 첫 매칭 후에 자신감을 많이 가졌다고 얘기한다. 첫 업무를 통해 이루미는 고객과의 소통, 결과물 완성, 그리고 업무 마무리까지 전체 과정을 경험하게 되며, 이는 자신감 향상뿐만 아니라 실질적인 업무 성과에도 긍정적인 영향을 미친다. 이루미가 업무 경험을 쌓게 되면, 재매칭과 정기 매칭 등 더 많은 업무 제안을 받을 확률이 높아지기 때문에, 첫 업무는 이루미로서 매우 중요한 출발점이라 할 수 있다.

따라서 망설임 없이 첫 업무에 적극적으로 도전할 것을 권장하며, 이를 통해 다양한 업무에 도전할 수 있는 발판을 마련할 수 있다는 것을 말하고 싶다.

실제 사례: 첫 업무 수락까지 평균 10건의 업무 제의가 전달된다.

실제 매칭이 되는 과정은 크게 [매칭 제의-업무 수락-업무 종료]로 구성되지만 이루미가 가장 힘들어하는 구간은 매칭 수락이다. 물론 내가 할 수 없는 일이거나, 내가 할 수 없는 시간이거나 하는 개인적인 상황도 있겠지만 통상적으로 업무 수락을 하기 전 10번 정도의 매칭 제의를 받게 된다. 어떤 이루미는 100번이 넘는 매칭 제의를 받아도 단 1건의 업무 수락을 하지 않는 경우도 있다. 물론 개인적인 사연은 있겠지만 긱 워커로서 활동하는 목표가 있다면 꼭 추천하고 싶은 것은 첫 업무의 경험을 빠르게 진행하라는 것이다.

내가 잘할 수 있는 일부터 시작

이루미로써 성공하고 싶다면 자신이 잘하는 업무 분야 및 강점을 충분히 파악하고, 이를 더 개발할 수 있는 업무에 집중하기를 추천한다. 그 분야에서 집중하고 최선을 다할 때 이루미로서의 첫걸음은 견고해진다. 특히 처음 시작할 때는 여러 업무에 도전하고 싶겠지만, 자신이 잘할 수 있는 분야에 집중해 고객의 신뢰를 쌓는 것이 무엇보다 중요하다. 신뢰는 장기적인 성공으로 가는 필수적인 요소이기 때문이다. 이를 실천하기 위해서는 매칭 제안이 왔을 때 업무 내용을 빠르게 확인하는 것이다.

업무 요청 내용을 꼼꼼히 확인하여 수행 가능한 업무인지 우선 판단해야 한다. 다만 이 과정에서 성급하게 결정을 내리는 것은 금물이다. 빠른 응답도 중요하지만 업무 내용을 정확히 이해하고 자신의 역량과 시간을 고려하여 수락 여부를 (가능한 빠르게) 결정해야 한다. 업무 수락 후 불가피하게 업무를 취소하게 되면 고객의 시간을 낭비하고 본인의 신뢰도에도 부정적인 영향을 미칠 수 있다. 가장 중요한 것은 업무 내용이 내가 잘 하 수 있는 일이어야 하고 그 일부터 시작한다는 것이다.

매칭 제의는 이루미 프로필을 기반하여 이루미들에게 동시에 발송되며, 가장 먼저 수락 버튼을 누른 이루미에게 업무가 매칭되는 구조이다. 다만, 본인이 수행할 수 없는 업무라 판단될 경우 거절하기 버튼을 통해 거절 사유를 등록하는 것을 추천한다. 이루미가 수행 업무를 선별하는 과정은 단순한 선택을 넘어 향후 업무 매칭의 질을 높이고 더 많은 기회를 얻는 전략적 행동이 될 수 있다는 것을 잊지 말자.

실제 사례: 묻지마 선택이 독이 될 수 있다.

이루미 A는 회원 가입 후 빠른 경험을 위해 매칭 제의가 왔을 때 업무 내용을 보지 않고 수락하였다. 매칭이 체결된 후 해당 업무 내용을 확인했는데 이루미 A가 자신 없는 분야의 일이었다. 그러나 이루미 A는 1시간정도 업무라 그리 중요하게 생각하지 않고 업무를 수행했고 본인도 만족도가 낮은 결과물을 제출하게 되었다. 물론 고객만족도가 매우 낮았다. 고객은 이루미 A에게 낮은 평가 점수와 매칭 제외 요청을 고객센터로 요청했다. 그 이후 이루미 A에게는 많은 업무가 제의되지 않았다. 여기에서 확인할 수 있는 것은 일을 많이 하는 것도 중요하지만 내가 잘 할 수 있는 일부터 시작해야 한다는 것이다. 고객은 평가는 냉정하기 때문이다.

적극적인 고객 소통으로
점수 따기

　이루미로서 활동하면서 고객과의 소통은 단순한 정보 전달을 넘어, 긱 워커로서 신뢰를 쌓는 중요한 과정이다. 고객과 채팅창을 통해 소통할 때 자신감을 가지고 명확하고 간결하게 의사를 전달하면, 고객에게 신뢰를 주고 프로페셔널한 인상을 남길 수 있지만, 확신이 없는 답변이나 모호한 태도는 소통할 경우 고객의 신뢰를 잃을 수도 있다. 그렇기 때문에 이루미로 활동을 시작한 경우에는 이지태스크에서 제공하는 업무 가이드 또는 FAQ를 확인해두면 더욱 좋다.

　예를 들어, 고객이 예상치 못한 상황에서 업무시간 연장에 대한 문의를 이루미에게 요청하는 경우가 있다. 이때 이루미는 업무 시간 연장에 대한 방법이나 프로세스를 알고 있다면 고객 대응을 적절하게 진행할 수 있다. 최고의 이루미가 되기 위해서는 고객과 이루미간에 일어날 수 있는 다양한 사례나 정브를 인지하고 준비하는 자세가 필요하다.

　고객과의 소통은 단순한 정보 교환이 아닌, 이루미의 전문성과 신뢰를 드러내는 중요한 과정이기도 하기에 정확한 정보와 자신감 있는 태도를 바탕으로 고객에게 신뢰를 줄 때, 이루미로서의 성과는 더욱 견고해질 것입니다. 업무에 대한 충분한 이해와 사전 준비는 고객의 다양한 질문에 대해 자신감 있게 답변할 수 있는 능력이 되고 그 또한 고객의 신뢰도와 만족도를 높일 수 있는 방안임을 생각해보자.

실제 사례: 이루미만의 전문성을 살린 소통은 늘 필요하다.

고객A는 기업회원으로 정기적인 업무 매칭을 하고 있고, 많은 이루미들과 매칭해서 업무를 진행한 경험이 있다. 고객A에게 각인된 이루미가 있는데 그 일화는 이렇다. 고객A는 투자사들에게 IR을 하기 위해 PPT 기초자료를 요청한 상태였다. 물론 고객A는 프레임워크를 만들고 장표마다 들어갈 내용을 작업해서 넘긴 상태였다. 그 과정에서 이루미A는 자신의 경험을 살려 일부 프레임워크를 수정할 것을 제안했다. 고객A는 이루미A가 제안한 수정내용이 타당하다고 판단해서 수용했다. 추후 이루미A에게 왜 수정제안을 했냐고 인터뷰를 했는데 그 이루미는 자신감 있게 대답했다. '그냥 내가 IR을 발표하는 사람이라고 생각하고 실제 투자사들이 무엇을 듣고 싶을까 고민하다가 더 설득력 있는 내용으로 수정하는 게 좋을 것 같아 수정 제안을 했다고' 말했다. 고객에게 조금이나마 도움이 될 수 있는 것이라면 이루미의 전문성을 활용해서 수정 제안하는 것도 고객의 머릿속에는 깊이 남게 된다.

성과를 높이는
재매칭&정기매칭 전략

긱 워커로서 지속적이고 안정적인 업무 매칭을 만들어가기 위해서는 가장 중요한 것은 업무를 수행하는 시간 동안 고객과의 소통을 통해 좋은 기억을 남겨야 하며, 양질의 결과물을 제공해야 한다.

이렇게 되면 2가지 효과가 나타날 수 있다. 첫 번째는 높은 고객 리뷰 평점이다. 고객은 업무 종료 후 고객만족도 평가를 평가하고 제출한다. 이 점수는 지속적으로 이루미 개인에게 누적으로 남게 되며, 높은 평점일수록 재매칭뿐 아니라 정기 매칭에서 유리한 매칭 기회를 얻을 수 있다.

또한, 업무를 성공적으로 마무리한 후에는 고객에게 재매칭이나 정기 매칭 가능성을 제안하는 것이 좋은 전략이 될 수 있다. 예를 들어, "오늘 도와드린 업무에 후속 작업이 필요하시거나, 다른 도움이 필요하시면 편하게 요청해주세요! 재매칭으로 진행하시면 보다 수월하게 처리 가능합니다."와 같은 메시지를 통해 고객에게 소통함으로써 업무 신뢰감을 주고, 자연스럽게 재매칭이나 정기 매칭을 유도할 수 있다. 별것 아닐 거라 생각하지만 고객의 입장에서는 매우 중요한 기억으로 남게 된다.

실제 사례: 말 한마디에 천 냥 빚 갚는다.

이루미A는 평소와 같이 매칭 제의를 받고 업무를 수락하고 진행하고 있었다. 프레젠테이션 자료를 만드는 업무였는데 고객이 요청한 시간은 3시간 정도였다. 고객도 외근이 있어서 3시간 이후 시간 연장을 할 수 없는 상황이었고, 3시간 안에 내용을 정리해야만 했다. 이루미A는 3시간 동안 고객이 요청한 사항을 기반하여 자료를 구성해서 제공했다. 업무를 마치는 시간에 이루미A는 고객에게 이런 메시지를 전달했다. [오늘 자료를 기반해서 좋은 프레젠테이션 하세요^^추가할 내용이나 다른 업무 있으면 맡겨주세요]. 며칠 후 이루미A에게 동일 고객에게서 그때 작업했던 내용에 추가 기획을 해서 보강해달라는 요청과 동시에 차주부터 일주일 정기 매칭 제안도 들어왔다. 무심코 던진 한마디가 고객에게는 잔상으로 남았고, 그 기억으로 추가 업무를 받는 사례는 많다. 여러분이 고객이라도 같지 않을까 생각해본다.

성장을 위한 목표 설정 및
활동 계획 수립

이루미로 활동하든 다른 직업을 가지고 일하든 나의 마음가짐이 중요하다. 그러나 마음가짐은 마음을 먹는다고 열심만 하면 만들어지는 것이 아니라 구체적인 목표나 결과물이 있을 때 더 높은 동기부여 효과를 발휘한다. 따라서 보름 또는 한 달 단위로 목표 매칭 건수나 정산 금액을 설정하는 것이 매우 중요하다. 이는 자신의 자원(시간, 열정 등)을 효과적으로 관리하면서 너무 과도하게 일하거나 반대로 너무 적게 일하는 상황을 방지할 수 있기 때문이다. 지나치게 많은 업무 매칭은 장기적으로 이루미로서 활동을 지속하기 어렵게 만들고, 반대로 너무 적은 매칭은 일하고자 하는 동기를 상실할 수 있다.

효율적으로 활동하기 위해서는 고객의 업무 요청 패턴을 파악하고, 그에 맞춰 자신의 업무 가능 시간을 조정하는 것이 유리하다. 예를 들어 대부분의 고객이 업무 요청을 하는 시간은 평일 오전 9시부터 저녁 6시 사이인 경우가 많기 때문에, 이 시간대를 기준으로 업무 매칭을 대비하는 것이 중요하다. 특히 빠른 업무 매칭을 원하는 고객이 많기 때문에, 이지태스크 시스템상 최소 30분 전에 작업 준비를 마치는 것이 좋다. 이러한 시스템 특성을 파악하여 하루에 최소 한 건 이상의 업무를 처리할 수 있도록 업무 시간대를 전략적으로 설정한다면, 이루미로서 더욱 효율적이고 만족스러운 활동이 가능할 것이다.

결국, 긱 워커로서의 성공은 자신의 시간을 잘 관리하고, 고객의 요청 패턴을 잘 파악하여 능동적으로 대응하는 데 달려 있다. 이를 통해 이루미로서 꾸준히 성과를 쌓고, 시스템 내에서 더 많은 업무 제안을 받을 수 있는 기회를 확보하게 될 것이다.

실제 사례: 목표를 설정하고, 자신의 자원을 배분하라

이루미A는 마케팅 경력 10년의 전업주부이다. 육아휴직 후 가정 상황 때문에 일시적으로 전업주부로 일하고 있지만 다시 복직 또는 재취업을 희망하는 이루미이다. 이루미A는 프로필을 등록할 때 업무 가능시간은 아이들이 취침하는 오후 9시 이후 또는 남편이 육아를 대신해 줄 수 있는 주말 업무가 가능하도록 등록했다. 하지만 이 시간대는 많은 업무 매칭이 들어오지 못한다. 이루미A는 한 달 목표 정산 금액을 15만 원(15시간 가량)정도로 하고 업무 가능 시간을 아이 유치원에 간 오전 11시-오후 3시로 수정했다. 이후 마케팅 업무가 매칭되어 수행했는데 경력 10년 차였기에 기업 요청 블로그 컨텐츠 제작 등의 업무는 손쉽게 양질의 품질을 제공하게 되었다. 그렇게 3개월 후 이루미 A에게는 3개월 동안 지속즈으로 매칭해 온 기업고객이 오전 12시~오후 2시 2시간 동안 매일 정기 매칭이 성사되었다. 이루미A는 목표금액과 시간을 수정해서 모두를 달성하는 사례를 만들었다. 마음이 있으면 길도 열린다.

Chapter 9

FAQ
자주하는 질문 모음

Q. 이루미란 무엇인가요?

A. 고객의 요청 업무를 맡아 진행해주시는 분들을 이루미라고 부르고 있습니다.

이루미 스스로의 성장뿐 아니라 고객분들의 성장도 함께 이루어 드린다는 뜻에서 이루미라는 이름이 탄생했습니다.

Q. 이루미는 프리랜서와 동일한 개념인가요?

A. 네. 맞습니다. 이루미는 기타 사업소득자로 분류되어 '근로자'가 아닌 '프리랜서'로 정의할 수 있습니다. '이루미'는 고객이 요청하는 업무제의를 자신의 판단에 따라 수락 여부를 결정하며, 독자적으로 업무를 수행합니다.

또한, '업무요청서'는 고객과 이루미 사이에 합의를 통하여 이루어지는 '자유계약'에 속합니다.

따라서 '이루미'는 프리랜서로 정의할 수 있으며, 근로기준법상 '근로자'와는 차이점이 있습니다.

다만, 당사는 서비스 중개 플랫폼으로서 업무 의뢰~정산 지급까지의 숲(전)과정을 지원하고 있으며, 이에 따라 당사 서비스 이용 정책상 기본 시급이 책정되어 있습니다.

2024년 기준, 이루미 1시간당 급여는 1만 원이며, 사업소득세 3.3%를 공제한 9,670원이 등록한 정산계좌로 이체됩니다.

차이점	근로자	이루미
노동법	최저임금, 시간외수당, **퇴직금, 연차** 등	적용 안됨
사회보험법	직장가입자로 4대보험 적용	직장가입자가 아님
세법	근로소득세 적용　사업소득세	3.3% 적용

Q. 이루미 활동을 위해서 어떠한 절차가 통과해야 하나요?

A. 회원가입 후, 간단한 3단계 절차를 거치면 이루미 활동이 가능합니다.

절차	주요사항	주요 내용
1단계	프로필 등록	경력, 가능 업무, **역량** 등을 프로필에 등록
2단계	교육 수강	이루미 활동에 꼭 필요한 정보를 배우는 필수 교육 수강
3단계	테스트 통과	이루미 교육 수강 후, 테스트 응시 및 통과

Q. 업무시간이 부족한 경우, 시간연장이 가능한가요?

A. 네. 최소 10분 단위로 업무 연장이 가능합니다.

업무 요청 사항 따라 필요한 작업 시간이 달라지며, 작업 진행 중 추가적인 업무 시간이 필요하다면 고객과의 상호소통 및 합의를 통하여 연장이 가능합니다.

✱ 유의 사항

되도록이면 플랫폼 기능에 내장된 [연장] 기능을 활용하여 작업 시간을 연장해주세요. [연장] 기능을 사용할 수 없어 임의의 방식(채팅소통 등)으로 고객~이루미 사이에 업무 연장 합의를 한 경우에는 반드시 '의뢰 고객'이 직접 고객센터로 업무시간 연장요청을 문의해 주셔야 합니다. 그렇지 않을 경우 추가 작업 시간을 인정받기 어렵습니다.

Q. 업무완료 후 근로정산은 어떻게 진행되나요?

A. [마이페이지]-〉 [회원 정보] 메뉴에 실명인증 및 근로 정산 정보를 등록하셔야 정상적으로 정산처리가 가능합니다.

☞ 정산정보 등록사항

① 주민등록번호 (본인인증 필수)

② 신분증 사본

③ 입금받을 은행명 / 계좌번호 / 통장 사본

④ 민감 정보제공 동의

또한, 업무 완료가 확인된 후 영업일 기준 7일 이내에 정산이 진행되며, 정산 시에는 소득세 3.3%가 공제된 금액이 입금됩니다

예: 시급 1만 원으로 1시간 일한 경우

= 시간급 1만 원 - 소득세 330원 (소득세 3.3%) = 9,670원

✱ **유의 사항**

본인인증 및 올바른 계좌정보가 입력되어있지 않은 경우, 정상적으로 대금 정산을 받을 수 없습니다.

[등록 방법] 이루미 마이페이지 접속 ▶ 근로 정산 정보 ▶ [근로 정산 정보 변경] 선택 후 주민등록번호 재입력 후 인증하기

해당 경로를 통하여 정확한 주민등록번호 입력 후 본인인증을 시도해주시길 바라며, 올바른 계좌정보(본인명의 은행명, 계좌번호)가 등록되었는지 확인 및 입력 부탁드립니다.

* 새마을금고, 신협중앙회, 저축은행, 중국은행 이체 불가

Q. 업무 시작 버튼을 누르지 못하고 작업을 진행하고 있습니다. 정산을 정상적으로 지급받으려면 어떻게 해야 하나요?

A. 고객과 채팅 소통을 통한 업무시간 합의 이력이 남아있어야 정상적으로 정산을 받을 수 있습니다. 이루미 님이 시작 버튼을 미처 누르지 못하신 경우, 고객이 확인할 수 있도록 업무 채팅창에 업무 시작-종료 시간을 남겨 주시기 바랍니다.

✱ 유의 사항

- 시작 버튼은 업무 시작 5분 전 ~ 15분 이후까지 활성화되며, 해당 시간대에 접속했음에도 활성화되지 않을 경우 [새로 고침] 또는 [재접속] 후 확인 바랍니다.
- 시작 버튼을 눌러야 종료 버튼이 생성됩니다.
- 시작 버튼을 누르지 않으면 업무 시간 연장이 불가합니다.
→ 작업 시간 연장이 필요할 경우, 고객과 연장 합의 후 고객센터로 문의바랍니다.
- 업무 중 추가 작업 시간이 필요한 경우, 사전에 업무 채팅창에서 반드시 고객님과 상호 소통해주시기 바랍니다.

- 이루미의 임의적인 판단으로 추가 작업 진행 시, 정상적으로 정산을 받지 못할 수 있습니다. 정확히 필요한 추가 시간이 얼마나 되는지 꼭 소통해주세요.
- 고객이 응답이 없을 경우 고객센터로 관련사항을 문의해주시고, 예정된 시간 내에 가능한 부분까지 작업 후 마무리해주시기 바랍니다.
→ 종료 버튼을 누르기 전 업무 진행 상황 및 결과물 파일을 꼭 채팅창에 남겨주세요.

Q. 작업 결과물은 언제 어떻게 전달하나요?

A. 업무 시간 종료 최소 30분 전 고객님과 파일 전달 방법을 상의 부탁드립니다.

업무 시작 시, 파일 전달 방식을 미리 이야기하시고 시작하면, 고객이 다른 업무로 응답이 없을 경우에 대비할 수 있습니다.

1. 이지태스크 마이페이지에 '결과물' 업로드하기 (★추천)
2. 이메일로 결과물 전송하기
3. 줌으로 결과물 전송하기

* Zoom (줌) 원격제어를 사용하면, 비밀번호 노출 없이 고객의 이메일 계정 '내게쓰기' 메일함에 파일을 남겨둘 수 있습니다.

*업무 종료 전 미리 고객과 파일 전달 방법을 상의해주시면 됩니다.

Q. 작업수행과정에서 고객과 분쟁이 발생하면 어떻게 해결해야 하나요?

A. 기본적으로 '고객~이루미 당사자 간의 합의가 원칙'입니다. 다만 양측 충분한 합의를 시도하였으나 합의점을 찾지 못하는 경우, 고객센터에 분쟁 해결 요청을 의뢰하여 당사 내부적으로 내용 검토 및 중재할 수 있습니다. 다서 당사에 분쟁사항 중재를 의뢰하는 경우, 당사에서 결정한 분쟁 처리 결과를 인정한다는 것을 전제하며, 중재 결과에 대하여 이의를 제기할 수 없습니다. 다음은 분쟁조정이 불가하거나, 사전에 인지하고 있어야 하는 사항이오니, 하기 내용을 참고 부탁드리겠습니다.

다음과 같은 사항은 고객센터에 분쟁사항을 중재하여 처리할 수 없습니다.
① 이지태스크 플랫폼 이외의 환경에서 소통 및 거래하여 분쟁이 발생한 경우
② 요청자의 주장을 증빙할 수 있는 수단이 없는 경우
③ 고객~이루미 당사자가 아닌 제3자가 개입하여 분쟁조정을 요청하는 경우
④ 사기, 횡령 등 사법기관 의뢰가 필요한 분쟁건의 경우

[대표적인 분쟁 사례]
① 작업시간(정산반영시간)과 관련하여 고객~이루미간 의견충돌이 발생한 경우

② 작업 결과물 퀄리티 또는 레퍼런스 충족 여부와 관련하여 의견 대립이 발생하는 경우

③ 그 밖에 업무의뢰 진행에 있어 분쟁이 발생한 건

✱ **기타 유의 사항**

① 당사에서는 분쟁과 관련한 소통이력(채팅, 통화 등), 작업 결과물 등 증빙자료를 요구 및 열람할 수 있습니다.

② 당사 페널티 기준에 명확히 부합되는 분쟁건의 경우, 페널티 규정을 최우선시합니다.

Q. 이루미 페널티 규정을 구체적으로 알고 싶어요.

A. 당사는 이루미로 활동함으로써 정상적인 업무수행에 반하는 일체의 행위에 대하여 당사 서비스 처리방침에 따라 페널티 정책을 시행하고 있습니다. 페널티 유형은 다음과 같습니다.

[결과물 품질 불만] 작업 결과물 품질이 현저하게 떨어지는 경우

고객이 요청한 작업 레퍼런스를 준수하지 않거나, 고객 작업 요청사항의 일부를 누락하여 결과물을 제작한 경우 등, 결과물의 품질이 현저하게 낮아 고객 불만 발생

Check ! 결과물 품질 불만을 최소화하기 위해서 하기사항을 준수해주세요.

→ 디자인 업무 등 작업 난이도가 있는 경우, 고객과 세부적인 업무

조율은 필수입니다.
→ 업무요청서의 내용과 레퍼런스(첨부파일 등)를 충분히 검토해주세요.
→ 작업물 중간 검수를 통하여 고객 요구사항을 충실히 반영하고 있는지 확인해주세요.

[결과물 미제출] 작업한 결과물을 고객에게 제출하지 않은 행위
작업완료시간이 도래 또는 경과하였음에도 불구하고 작업 결과물을 적시에 제출하지 않는 일체의 행위. 고객불만 발생 후 1시간 이내에 지속적인 무응답, 작업 결과물을 미제출할 경우 제재 조치함.

[노쇼] 업무 시작 시간 + 15분 경과하였으나 입장하지 않는 행위
업무요청서에 등록된 업무 시작 예약 시점 기준, +15분이 경과하였으나 연락이 되지 않아 업무를 수행하지 않는 일체의 행위

[지각] 업무 시작 시간 + 15분 이내 지연 입장하지 않는 행위
업무요청서에 등록된 업무 시작 예약 시점 기준, 15분 이내 지연 입장하여 약속된 업무 시작 시간을 지연시키는 일체의 행위
✱ 단, 지각 후 고객과 상호소통이 이루어져 업무수행을 할 수 있는 경우 페널티 대상에서 제외

[자의적 업무 취소] 고객과 상호 협의없이 이루미가 일방적으로 업무를 중단하는 행위

작업 시작 후, 이루미가 일방적으로 고객과의 협의 없이 일방적으로 작업 중단 및 업무 취소하는 일체의 행위

[업무 시작 직전 취소] 업무 시작 시간 직전 이루미가 일방적으로 업무 취소하는 행위

업무 시작일시 -15분 ~ 업무 시작일시 사이에 이루미가 고객과의 합의없이 일방적으로 업무를 취소하는 일체의 행위

[자의적 업무 수행] 고객의 요청사항을 고려하지 않고 자의적 판단으로 업무하는 행위

고객의 요청사항, 레퍼런스를 무시하고 자의적으로 판단하여 작업물을 제작하거나 업무를 수행하는 일체의 행위

[소통 어려움] 고객과 소통에 장애를 발생시키는 행위

① 채팅 무응답, 지속적인 소통 지연, ZOOM미팅 불응 등 지속적으로 답변을 늦게 하여 정상적으로 업무수행을 할 수 없도록 하는 일체의 행위
② 고객의 요청사항을 잘 이해하지 못하여 정상적인 업무수행이 불가능한 일체의 행위

[동시간대 업무 수락] 지속적으로 시간대가 겹치는 업무 수락 및 취소
고객의 업무제의를 받아 매칭 수락을 하였으나, 이후 지속적으로 업무 취소와 제의 수락을 반복하여 정상적인 업무 매칭을 방해하는 일체의 행위

[폭언/욕설] 고객과 업무 소통 중 고객 모욕 또는 불쾌감을 주는 행위
채팅방, ZOOM 미팅 등 고객 소통채널에서 폭언/욕설, 고객 모욕, 불쾌감을 일으키는 일체의 행위

[불공정 거래행위] 당사 서비스 규정에 명백히 반하는 행위
과도한 영업, 타플랫폼 이용 유도 등 당사 영업정책을 침해하거나, 서비스 규정에 명백하지 반하는 일체의 행위

[작업시간 허위보고] 의도적으로 작업완료시간을 주장하는 행위
의도적, 악의적으로 실제 작업한 업무시간보다 더 긴 작업시간을 허위로 주장하여 더 많은 정산금액을 수령받고자 하는 일체의 행위

Q. 개인 사정으로 지각이 예상됩니다. 어떻게 해야 하나요?
A. 업무 시작 전 미리 이지태스크 고객센터로 연락 주시기 바랍니다. 고객님께 양해를 구하거나, 작업이 어려우실 경우 다른 이루미로 대체해드립니다.

단, 특정한 사유 없이 지각 또는 노쇼가 발생하면 당사 페널티 정책에 따라 서비스 이용 제한 조치가 되오니 이 점 유의하시길 바랍니다.

지각: 고객과의 사전 커뮤니케이션 없이 매칭된 업무 시작 5분 이후 입장하는 경우

노쇼: 고객과의 사전 커뮤니케이션 없이 매칭된 업무 시작 후 15분 이후에도 입장하지 않거나 나타나지 않은 경우

Q. 재직자입니다. 이지태스크 이루미와 겸직이 가능한가요?

A. 현재 재직 중인 직장에서 작성하신 근로계약서에 겸직 금지 조항이 있는지 확인해주세요.

원칙적으로 겸직이 불가능한 직업군(공무원 등)에 근로하고 계신다면, 이지태스크에서 일하실 수 없습니다.

Q. 실업급여를 받고 있습니다. 이루미 활동이 가능한가요?

A. 실업 급여 등 인건비 지원은 소득이 없는 상태에서 수령하실 수 있으므로 지속적으로 실업급여 수령을 원하신다면, 이지태스크에서 업무 수행은 불가능합니다.

실업급여를 받는 상태에서 이지태스크에서 업무를 수행하게 될 경우, 발생하는 문제에 대해서는 이지태스크에서 도움을 드리기 어렵습니다.

이와 관련한 자세한 사항은 고용노동부 측에 문의해주세요.

감사의 말

저는 취업 시장과 결혼 시장이 비슷하다고 보고 있습니다. 선보고 결혼 했듯이, 면접 보고 취업하는 것은 고용주에게도 일하는 사람에게도 부담이 되기는 마찬가지입니다. 소개팅과 같이 가볍게 일하며 서로의 니즈를 확인하고 발전을 도모하는 기회가 일자리에서도 주어지면 어떨까요?
결혼은 안해도 밥먹고 영화보는 데이트도 하는것처럼 서로 원하는 때 원하는 업무를 할 수 있다면요?

그러한 시장의 상호 니즈를 받아들이고 이 책이 세상에 나올 수 있도록 힘써주신 행복나눔재단에 깊이 감사드립니다.
또한, 함께 새로운 일자리를 만들어가고 있는 제주관광공사, 50플러스재단, 신한은행, 강남구를 비롯한 교육 및 일자리 유관기관 여러분께도 진심으로 감사의 인사를 전합니다.

특히 이지태스크의 모든 팀원들과 팀원만큼이나
소중한 4만 명의 이루미님과 그 중에서도
지난 3년간 이루미로 함께하며 이제는 팀원이 된 김경민님,
이루미의 관점에서 이야기를 잘 풀어준 김현희님,

이지태스크에 대한 깊은 애정과 높은 이해도로 펀딩을 성공적으로 이끌어주신 이서영 대표님께 마음전합니다.

마지막으로 일자리를 나누어주고 계신 2만 명의 고객분들과 응원해주시는 모든 분들께 인사 전하며, 저 또한 함께 시너지를 내며 성장해 나아가길 응원하겠습니다.

이지태스크 CEO 전혜진